五十小物

赵珩 著

生活·讀書·新知 三联书店

目录

辑二

辑三

辑四

辑五

自序

《五十小物》应该说是一本体例特殊的小书，它既不是文物画册，也非有关收藏的著述，而只是从我家保存的文献和实物中选取略有代表性的部分小物件，稍加梳理编辑而成的一些旧物展示。

近一百多年以来，中国社会经历了前所未有的大动荡和大变迁，而每一个家庭与个人也都身不由己地随着这样的动荡和变迁与之俯仰，许多旧物也自会在这种动荡中湮灭或消失。今天的年轻人能知道三代以上的事迹者已属鲜见，更不要说父辈或祖父辈的遗物了，其实我家也与大多数家庭一样，经历了百余年的动荡与变迁，能够保存下来的东西仅是十之一二罢了，即便如此，也算得十分侥幸。

从我的太高祖开始，出了三代进士，即太高祖达纶，高祖辈的文颖、文起兄弟，曾祖辈的尔震、尔巽、尔萃兄弟，我的亲曾祖尔丰虽非进士出身，也做到署理四川总督兼驻藏大臣，于是才有了“一门六进士，弟兄两总督”之声誉。其实，书中所收录的“小物”多已与我的家族无关了。

这本小书所遴选收录的旧物十分芜杂，于是分别编成五辑，第一辑是由近及远的若干有纪念意义的小物件，如我七十多年前在协和医院的出生证和产房腕带，父亲和祖父的墨迹手泽，曾祖辈的印章，高祖的楹联墨迹和太高祖的《枣花轩试帖》，以及如陈半丁为母亲结婚画的荷花、启功赠父亲的扇面、我家祖孙四代小时候都玩过的玩具等。这些虽算不得什么珍贵文物，但是对我来说都有着特殊的纪念意义。

第二至三辑多是一些颇有意趣的陈设与文玩，如，祖父和父母用过的一些文房小物，母亲在50年代收集的一些中外文玩等。有几件黄花梨和紫檀的家具，也都是几十年来使用的东西。这些也都算不得珍贵文物，但却承载着我许多难以磨灭的记忆。

第四至五辑是从现存的自家收藏中拣选的部分扇面、成扇、书画、碑帖等，这些东西大多是祖父藏品的一点遗存罢了。我的祖父赵世泽（字叔彦，号拙存、小鸥波馆主人）可算是京津地区比较有名的收藏家，与津门的韩慎先、张叔诚等都有往还，彼时北京琉璃厂肆的东伙也经常穿梭于我家。20年代景朴孙（贤）去世后，许多藏品由我祖父购买收藏，尤其在书画碑帖方面，可算北京一大家。可惜1937年抗战全面爆发，北平沦陷，祖父坚决不仕，杜门谢客，深居简出，于是变卖度日，几至殆尽。至今藏于故宫的若干件书画碑帖仍可见祖父的鉴藏印。这里也只是选择了几件劫后尚存的祖父所藏书画和碑帖。

我父亲的工作经历是在1949年以后。可以说，他将大半生的时间与精力都贡献于古籍整理和“二十四史”的标点工作，加上特殊年代的经历，从来无暇收藏鉴赏。倒是母亲在做翻译工作之余，喜欢收藏些中外古董，但与祖父则完全是不同的收藏理念了。因此，《五十小物》收录的若干件东西中也有母亲的藏品。

我常说，我不是收藏家，充其量算是个“守藏家”而已。《五十小物》完全不同于王畅安先生的《自珍集》，那是畅老和袁荃猷先生两位一生的集藏，有他们的心血，也有他们的研究成果。这本《五十小物》所录的不过是我家部分藏品，而我更多的则是叙述些小物件背后的故事而已。

由于百余年来社会巨变的影响，一家一姓能保存下来的物件十分有限，多是一两代而已，苏州过云楼顾氏能承传五代的已属罕见。我家寒素，并非收藏大家，也就是到了祖父这一代才有些积蓄而已。父亲也从未将其视为财富，而仅仅以此作为对先人的追念。何况，以一家之力而世代承传，虽是许多收藏家美好的意愿，但是确实没有这样的先例。历代藏家如项子京、梁清标者也不过一代而终，天籁阁圮，秋碧堂空，这也是收藏者最终的归宿。然而，通过民间的收藏而使许多文献和文物能得以保存，却是功莫大焉，善莫大焉。《五十小物》也只是从尚存的小物件中撷取若干，谈不上是什么“著录”，更没有“子孙永宝之”的奢望，但是，对文化承传的愿望却是在的。

《五十小物》即将出版之际，谨此弁言，是为序。

赵　珩

2025 年 3 月于彀外书屋

辑一

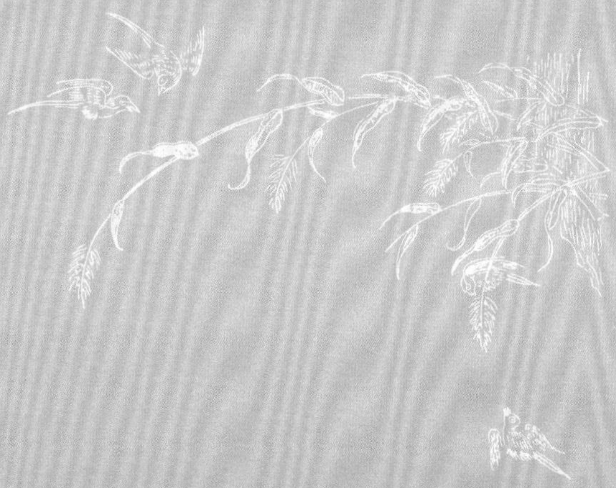

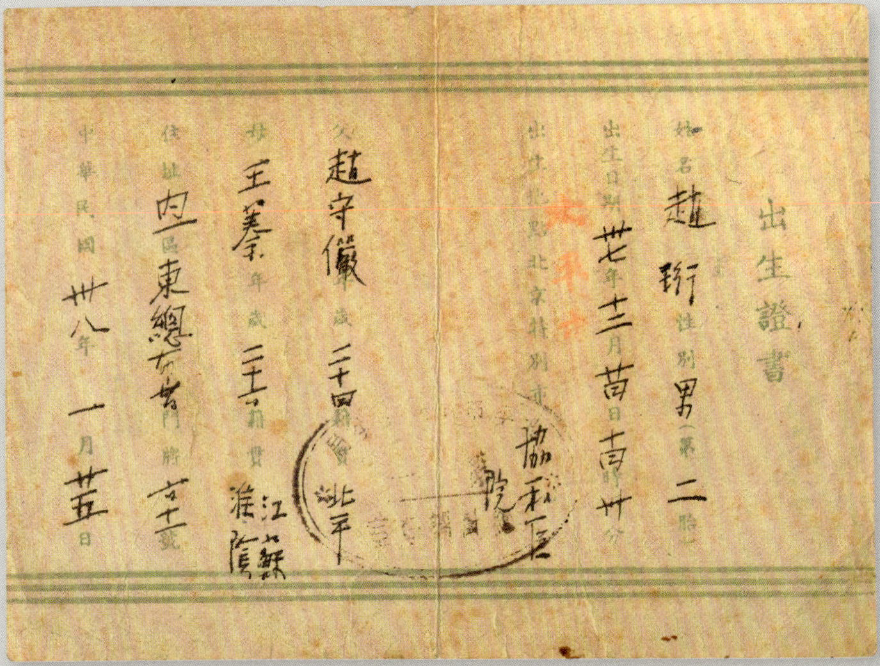
出生證書

姓名 趙珩 性別 男（第二胎）

出生日期 廿七年十二月廿四日十一時廿分

出生地點 北京特別市協和醫院

父 趙守儼 年歲 二十四 籍貫 北平

母 王蓁 年歲 二十一 籍貫 江蘇淮陰

住址 內四區東總布胡同門牌六十號

中華民國 廿八年 一月 廿五日

出生证

我出生在 1948 年 12 月 24 日下午，正好是西方人所说的平安夜。当时的出生证，我一直保留着。

关于出生证上的内容，有一点需要说明：熟悉的朋友可能会觉得奇怪，因为我是独子，但出生证上却写的是“第二胎”。实际上我母亲在生我之前，曾经怀孕过一次，但后来流产了。我的父亲和母亲是 1947 年结婚的。那时候不像今天，想上哪儿去都那么容易，他们结婚后，因为两人都没去过上海，就想去上海玩一趟，已经买了当时最好的民航客机“霸王号”的机票，结果我母亲突然检查出怀孕，大概两三个月后又流产了。

从这次怀孕、流产，到再次怀孕、保胎，一直到我出生——这期间，我母亲住了若干次医院。我出生是在协和医院，但她经常住的，是当时东交民巷的两家外国医院。一家是德国医院，也就是今天的北京医院的前身；一家是法国医院，今天已经不存在了。当时东交民巷还有一家规模比较小的意大利医院，我母亲没有住过。

1949 年 1 月，她产后仍在住院的时候，正好赶上国民党军统特务刺杀原北平市市长何思源一事。何思源曾是“北平和谈”的首席代表，被视为“主和派”，于是遭到国民党特务的暗杀。暗杀行动是由当时国民党“保密局”北平站的负责人谷正文策划。何思源家就住在东城的锡拉胡同，特务在何家放了两三颗定时炸弹，在 1 月 18 日凌晨爆炸。

第一颗炸弹，炸的是何思源住的房间，何思源受轻伤跑出来了。之后炸的是他妻儿的房间。他的两个儿子，以及大女儿何鲁丽都受了伤，似乎并不严重，但是小女儿何鲁美当时就被炸死了。何思源的太太是法国人，受了比较重的伤，急需送医院。不敢送协和，就送到了法国医院，就是我母亲当时住的那家医院。为了防止特务的再次迫害，他们没有把何思源太太放在外科病房。我母亲当时住在单间病房，院方就与我母亲商量，能不能在进行外科处理后到她的病房先躲一躲？母亲当即就同意了。何家被炸是在凌晨，大概四五点钟的样子。何思源太太在我母亲病房待了一天一夜，大概二十多个小时。我母亲一直到晚年，都记着这件事儿。

我出生证上的纪年，写的是民国三十七年（1948）底。我祖母常说，我是随着解放军的大炮来的。当时北平正在围城，咚咚咚天天开炮，但城内的交通和生活基本上还比较平稳，送医院什么的都不成问题。我出生的时候，正是解放军跟傅作义谈判那会儿，清华园一带已经被解放军占领。一个月后，1949 年 1 月 31 日，解放军就正式入城了。所以家里人说我是随着大炮一起来的，也并非夸张。

协和医院在民国时期属于外国私立医院，是用美国洛克菲勒基金，仿照美国霍普金斯医院的形制，在清代豫王府的原址上建造起来的。建成以后就成了北京规模最大、设备条件最好的医院。当时给我母亲接生的，是协和医院的妇产科主任林巧稚，她也是协和医院第一位中国籍妇产科主任。实际上，那里几乎每一个孩子都是由林巧稚亲自接生的，前前后后得有几万个孩子吧，袁隆平就是林巧稚接生的，我也是林巧稚接生的。

那时候协和的产妇生孩子，不像今天，住两三天就出院了，而是要住上一个礼拜到十天。小孩在产房里面，也都是按照西洋的产科流程来照料的。二十九年后的 1977 年，我儿子出生，也是在协和医院，那时候林巧稚还没有完全退休，还会去产房看一看，我们也在产科病房见过林大夫，白大衣里边穿着玫瑰紫的丝绒大襟小袄，风度依然。所以我对林巧稚、对协和，都有一种特殊的感情。林巧稚之后的第二任妇产科主任，是安徽茶叶吴家的吴葆桢。他是京剧演员杜近芳的丈夫，可惜六十三岁就去世了。他的继任者，是绒毛膜癌专家宋鸿钊。这三位，可以说是协和妇产科最有名的三位主任。

另外值得一提的是，协和医院的病案室非常有名，建院以来所有的病历到今天都保存着。孙中山、梁启超、刘半农等人当年的病历都还在，也不仅仅因为他们是孙中山、梁启超，普通人的病历也都一样保存着。1990 年左右，协和医院曾经抽样 1947 年、1948 年在协和出生的人进行体检，我也接到了通知，去了之后看到一份自民国三十七年到后来的完整的病历，连我出生时的“小脚丫”印模也在里面。

和出生证一起保留下来的，还有一条腕带和一张预防接种

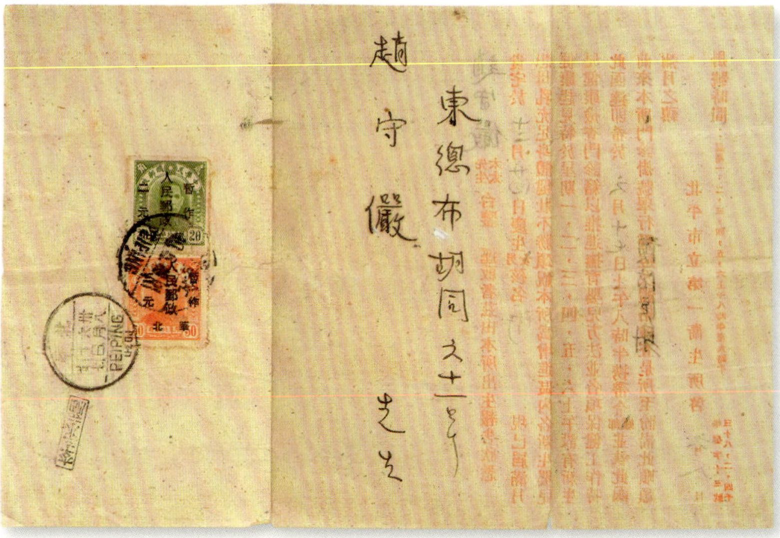
東總布胡同六十一号
趙守儼先生

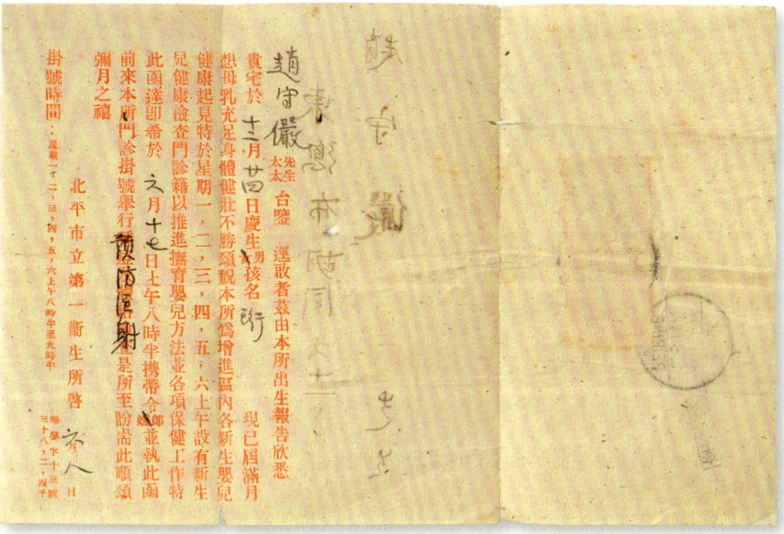

趙守儼 先生/太太 台鑒 逕啟者茲由本所出生報告欣悉
貴宅於 十二月廿四日慶生男/女孩名 衎 現已屆滿月
想母乳充足身體健壯不勝頌祝本所為增進區內各新生嬰兒
健康起見特於星期一，二，三，四，五，六上午設有新生
兒健康檢查門診藉以推進撫育嬰兒方法並各項保健工作特
此函達即希於 六月十七日上午八時半攜帶令郎/媛並執此函
前來本所門診掛號舉行[illegible]是所至盼耑此順頌
彌月之禧

北平市立第一衛生所啓

掛號時間：星期一，二，三，四，五，六上午八時半至九時半

三十八，二，四 日

chao zhou yao

卡介苗的通知。腕带布条上面，用英文写着我父亲的名字（那时都是写新生儿父亲的名字，而不像今天写母亲的名字）。预防接种通知，则是在我出生半年之后，协和寄到我家的，上面贴的还是中华民国旧币值的邮票。我问过很多人，能够保存下自己出生时候这些物件的，尤其是我这个年龄的，恐怕很少很少。

七十多年前我出生时候的这几个小物件，今天来看也觉得很有意思，也是一个历史的见证吧。

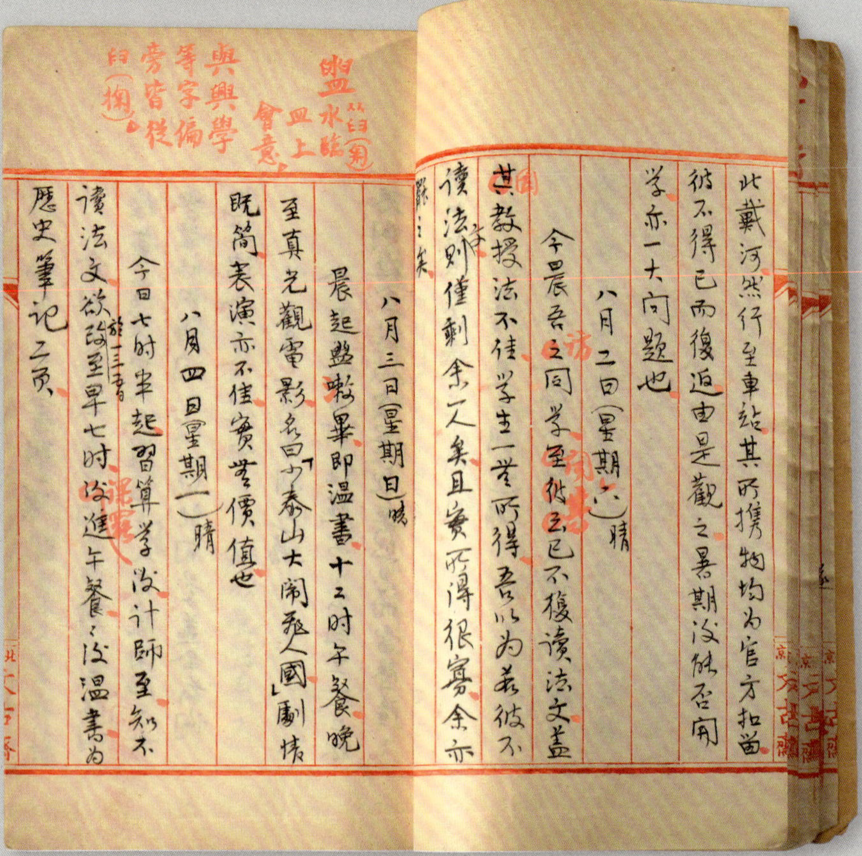
盥 从臼（匊）水臨皿上會意
與、興、學等字偏旁皆從臼（掬）

此戴河然行至車站其所携物均為官方扣留
彼不得已而復返由是觀之暑期後能否開
学亦一大问题也

八月二日（星期六）晴

今晨吾之同学至彼云已不復讀法文盖
其教授法不佳学生一無所得吾以為若彼不
讀法文則僅剩余一人矣且費所得很寡余亦
懸之矣

八月三日（星期日）晴

晨起盥漱畢即温書十二时午餐晚
至真光觀電影名曰「泰山大鬧飛人國」劇情
既简表演亦不佳實無價值也

八月四日（星期一）晴

今日七时半起習算学後计師至知不
讀法文欲改至早七时（於十三号）後進午餐之後温書為
歷史筆记二頁

父亲的日记

这是我父亲十五六岁时的日记。存留下来的只有一小部分，其余大多遗失了。

父亲小时候没有受过正规的小学或中学教育，主要就是在家馆学习，大概有四五个老师，分别教他古文、外文、数学、物理等。在他很小的时候，有个爱尔兰的女老师教他英文。教古文的，有一位非常好的老师，叫戴姜福，字绥之。戴老师早年曾是我曾祖父赵尔丰的幕僚，“四川事变”后，在北洋政府下设的“平政院”任过职，又转而去教家馆。除了在我家，也在礼士胡同曹家等处授课，他的经学和小学文字学、训诂学讲得极好。启功先生比我父亲大十三岁，当时也听过戴老师的课，算是“附学”。还有一位瞿润缗老师，也是经学极好的，他是我父亲借读天津时和周一良先生共同的老师。

家馆老师除了教文史辞章，还要求写日记。存留至今的几册日记，还可见到封面上老师的题耑：“逐日随意记之，不拘多少。文言白话亦可，不拘叙事议论，任其所愿，七日送阅一次。”翻读日记，所录少年生活，内容还是比较稚气单纯的，基

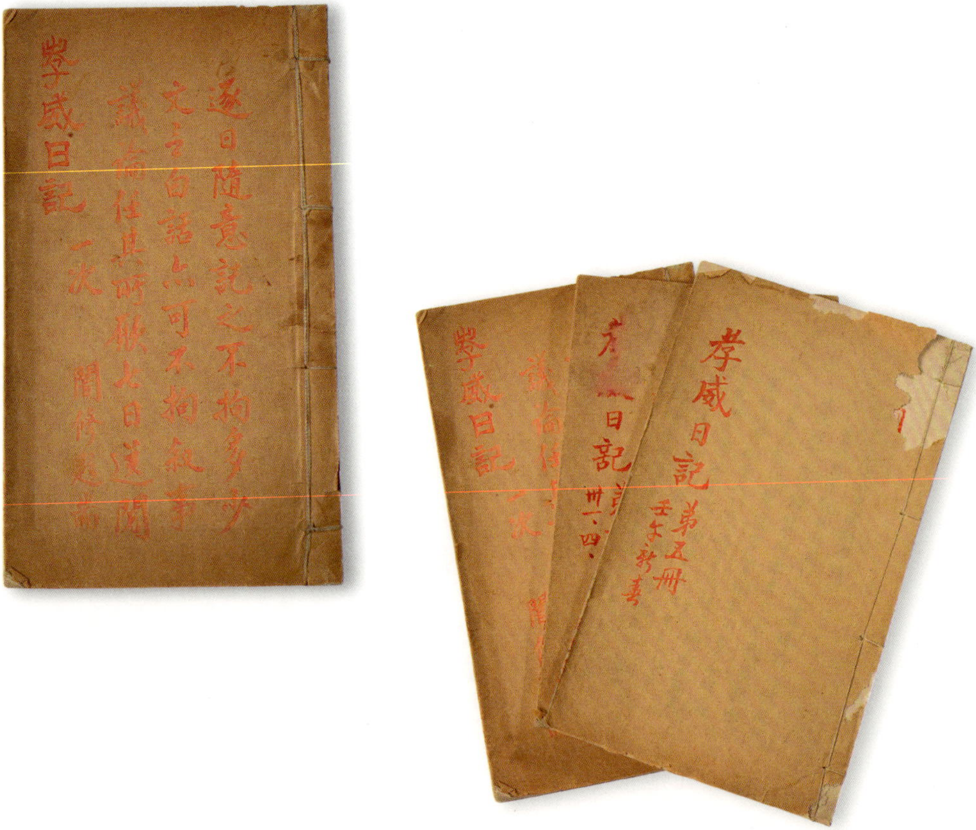
孝威日記
逐日随意記之不拘多少
文言白話亦可不拘叙事
議論任其所欲七日送閱
一次
孝威日記
孝威日記
孝威
日
記第五冊

本就是流水账，读书、打球、吃个冰淇淋什么的。旁边有老师的红笔批注，批得非常认真。随意摘读两段，倒也别有意趣。

民国三十年六月廿日　星期五　晴

晨七时起床，盥漱毕，即赴校。始抄历史笔记，皆关于古希腊者。校长曰：昔亚雅与克利战，亚雅败，允每年献男女各七人。克利有怪物，牛首人身【老师红笔批注：此殆神话】，擅食人，此十四人均为其所食。亚典太子名西萨者，甚为英勇，终杀此怪物。语皆在《探阁渥故事集》中，且使全读之。

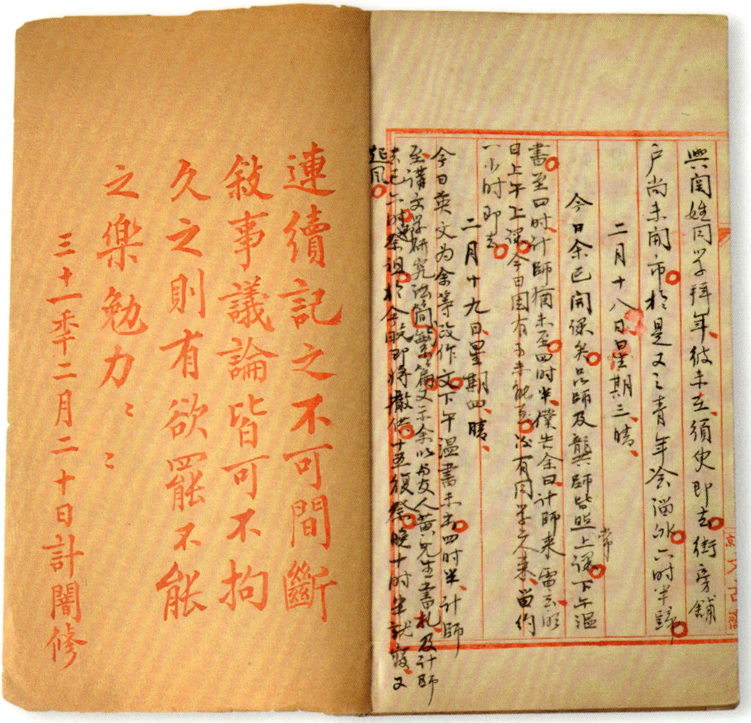
連續記之不可間斷
敘事議論皆可不拘
久之則有欲罷不能
之樂勉力
三十一年二月二十日
計闓修

余以其笔法尚佳【老师红笔批注：情节动人、笔致绝佳】，已译为中文矣【老师红笔批注：此译颇佳，已删改讫】。十一时归家进午餐。之后稍歇即习字，尚未终篇，计先生已至，于是读文学史……

这段日记中提到的学校，是指北京干面胡同的一所美国学校。我父亲曾在这里上过几年学。王世襄先生当年也是在这所学校念书，但他比我父亲大十几岁，从一年级一直念到十年级。我父亲只上了几年，1941 年太平洋战争爆发后，这所美国学校就被日本人查封了。后来他在天津的圣路易学校也上过学。那时候的北平，一有风吹草动，大家就往天津跑，我们家也是一样，跑到天津租界里面去躲避日本人。在天津短住的时候，上文提到的瞿润缗老师，也在天津教书，既到我们家教我父亲，也到周家教周一良先生。

九月四日 星期五 阴

今晨微落雨，无重要功课，未到校。于是作文，即“学然后知不足说”。作毕已十时余。又温三角及物理。【老师红笔批注：五个月仅作一册，似乎太少。】

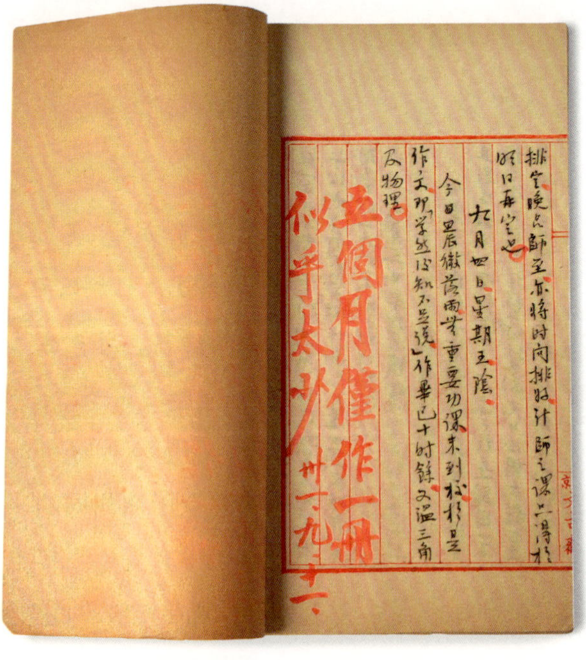

九月四日星期五陰
五個月僅作一冊
似乎太少

我父亲的古文功底非常好，读的书也多，但他的数理化很差。后来在辅仁大学，学的却是经济学，大概在那个时代学文史是没有饭吃的。因为没有正规中学毕业的学历，他在辅仁的第一年只能作为预科生，第二年经过考试才转为正科生。他的毕业论文作的是《倾销问题之检讨》。后来我问他毕业论文的内容，他说他其实也弄不太明白。学经济学纯粹是为了混饭吃，最后一辈子也没吃上经济学的饭，也没什么经济头脑。倒是从小在家馆打下的文史根底，让他受益终生。

像我父亲这一辈，小时候的日记能保存下来的，应该说不多。从日记的内容来看，是真实地反映了他少年时代的生活，总体还算比较安定，吃个冰淇淋、跟同学看个电影什么的，也就很满足了。作为那个时代特殊家庭背景的一份生活记录，这些日记或许也有些意义，只可惜太少了，大部分都已遗失。日记，并不是他自己情愿写的，是老师布置的家庭作业，因此也写得比较疏懒。后来，他也再不写日记了。

春水碧於天畫船聽雨眠

母亲的山水册页

在我出生不久，母亲因为患有肺结核，不能与我接触。我稍大些，只能隔着玻璃看看她，看她在自己屋里读书、画画。这本山水册页，原是她 1951 年到 1952 年养病期间的一些画稿，以前就是随意叠着，夹放在一些芜杂的东西里面。母亲留下的东西不多，最近十来年，我就把这些画稿找出来，裱成了一个小册页。前面是请刘涛先生题写的引首，“萱风余馥”四个字是我起的。册页里面，春夏秋冬各景都有，当初并非是临摹，里面的场景都是她自己想象的，用平远法细细勾画出来。

这套山水画稿的尺幅都比较小。我还留存着她的几个大幅，如摹四王、卞文瑜等，都经过装裱。上世纪 80 年代初，福州曾经举办过一次非专业画家的画展。我母亲有四张大幅在那次画展上展出，同时参展的还有吴祖光、新凤霞等人的画作。我印象中那次我母亲还卖了两幅画，每幅也就千八百块钱的样子。

母亲算不上是画家，也没有系统学过画，只是在小时候，家里请了徐北汀教她。徐北汀在北京也算是位有点名气的画家，师从“江南四吴”之一的吴观岱。所以，徐北汀是吴观岱的学生，我母亲则是徐北汀的学生，这算是她的“师承”。但她跟画家还差得很远，只能说是“不俗”，自己画着玩儿，在这方面谈不上有任何成就。

在“文革”中，为了补贴家用，母亲也画过很多鸭蛋，可惜现在都没有了。当时给画者的加工费，是一毛五分一个。就是在蛋壳上画山水，连印章都是画上去的。这些是流水作业，我母亲一天可以画四五十个，一天的收入就有大概六块钱，在那时候来说是很不少了——一个工程师一个月能挣八九十块就不错了。我们家的电冰箱什么的，都是母亲画鸭蛋画出来的。70年代初那几年，一些著名画家，如毓继明、刘博琴、溥松窗等，因为生活无着，都画过鸭蛋。那时候正经画作没有人要，但是画山水鸭蛋是工艺品，可以出口创汇。所以，一是补贴家用，

二是给国家做贡献，此外还可以吃到抽出来的蛋液。我还记得，当时领鸭蛋壳都是统一去西单的大木仓胡同，除了备画的鸭蛋壳，还会买回一大盒鸭蛋液（那些鸭蛋液也是要收费的），能分几次炒成菜吃。

2017 年我和董桥先生在台北举办“南北往事”书法展览的时候，也和董公聊起此事，后来我托人将这本刚装裱好的小册页带到香港，董公看到后，十分欣赏，欣然为此题跋。

同心多子圖
丁亥深秋寫為
景南小姐于歸之喜
半丁老人年七十二

陳半丁為景南寫同心多子圖

陈半丁赠母亲的《同心多子图》

这幅《同心多子图》是我父母居室经常挂的一幅画，它是陈半丁先生当年特地为我母亲出嫁而作的贺礼。

我母亲和我父亲是辅仁大学的同学，自由恋爱。祖父虽然是士大夫类的旧式人物，但他的思想并不迂阔。他不希望父亲与旧式家庭出身的女子结亲，而看重比较新式进取的人家。祖父非常欣赏母亲的修养和能力，也认可她的家庭。我的外祖父名王毓霖（1892—1958），字泽民，江苏淮阴人，早年从苏北到北京读书，毕业于中国大学商学系，后来是实业家、银行家。外祖父并没有显赫的家世，完全凭借他自己的才能和自我努力，在财政部任职时就得到时任财政部次长钱锦孙的赏识，不但擢升他为库藏司司长，还将自己的女儿嫁给他作继室。嘉兴钱家是延续了五百年的耕读之家、名门望族，外祖母性情敦厚，我母亲是他们的长女。

母亲毕业于辅仁大学教育系，1947年与我父亲结婚。这幅《同心多子图》上有题识："丁亥深秋写为景南小姐于归之喜。半丁老人年。七十有二。"钤有"三家邨里"白文方印，"半丁老

人”白文方印,“不同而同”白文椭圆印。丁亥，即1947年;“景南”是我母亲的字。陈半丁先生曾是京派绘画的领袖人物，他和我祖父、外祖父两家的关系都很好。

陈半丁（1876—1970），名年，字静山，号竹环斋主人等。出生于浙江绍兴柯桥镇，因系双生，故又号半丁、半痴，以半丁行世。他小时候家境十分贫寒，少年时期开始接触笔墨，自言“嗜书画入骨，饥饿犹不顾也”。青年时期在上海以拓印刻帖及楹联为生，工余刻苦学画，得与任伯年、蒲华、吴昌硕等海派名家交往，尤其是得到吴昌硕的点拨与提携。1906 年他受金城之邀，来到北京定居。其为人敦厚务实，擅交际，又重情义，再加上他书画方面的造诣，于海派风格基础上又受北京艺术传统的熏陶，形成了自己独特的艺术风格，到 20 世纪三四十年代，竟由南来客居画家之身份，转而成为京派画坛的中坚人物。我们尤其不应忽视的一点是：他在民国和新中国时期组织整合了北京地区的中国画艺术创作力量，为中国画的传承做出了重要贡献。陈半丁与齐白石是挚友，齐白石将其三子良琨拜于半丁门下，足可见其对陈的重视与信任。

陈半丁是 20 世纪并不多见的诗书画印兼擅的大家，其艺术成就最高的，则是花鸟画。所作花鸟，造型取舍得当，用笔精简，把传统的文人笔墨和大众审美融会贯通，别有一种清新、雅致。以我家这幅《同心多子图》为例，半丁老人以荷叶、荷花、蒲草三者入画，题材不可谓不通俗，然笔意秀润，墨色浓淡相宜，颇具典雅之气。

我也曾将陈半丁与徐石雪（宗浩）书画合作的几把残破成扇装裱成几个立轴，偶尔也换着挂挂，半丁老人所绘也多是一些花卉小写意作品。

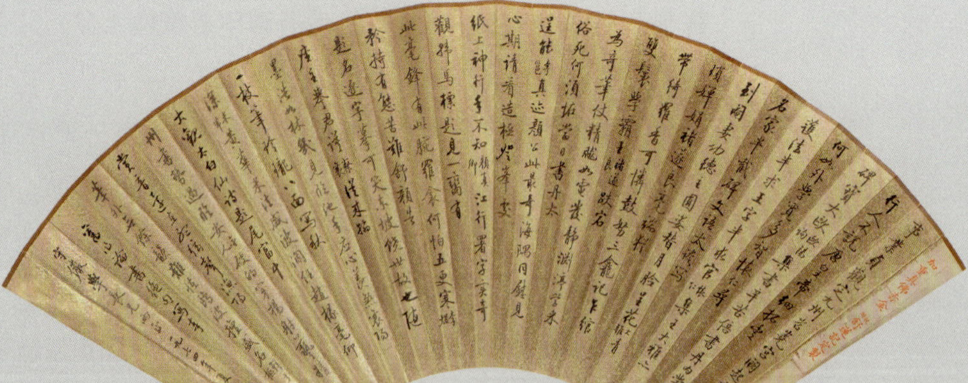

启功赠父亲的书画扇页

我父亲与启功先生是挚友，他们之间的交谊可谓典型的君子之交。在他们交往的二十多年里，我父亲从未张口向启先生要过一幅字画，至今我家仅有这一帧扇页，是 1974 年启先生送给我父亲的，一面写的是他自己的《论书绝句》，一面画的是朱竹。

启功先生生于 1912 年，比我父亲大十三岁，但他总是谦虚地称我父亲为学长。他们在少年时代都曾跟随戴绥之先生学习古文。这位戴先生，早年做过我曾祖父赵尔丰的幕僚。所谓幕僚，类似于我们今天所说的助理。当时的“助理”，大抵有三种，一种是刑名助理，一种是经济助理，还有一种文案助理，想来戴绥之先生应该是我曾祖父的文案助理。曾祖父四川殉难的时候，戴先生也在身边，后来他逃回了北京。时隔多年，戴先生到我家做西席，教我父亲古文，另外也到礼士胡同曹家去教课。曹大先生是启功先生的曾祖父溥良任江苏学政时的门人，便让启先生也在课余时间到曹家学古文。因为这个缘故，启先生一直称我父亲为学长；我父亲年龄比他小，也坚持称启先生

为学长。后来我父亲到辅仁大学经济系就读时，启功先生已是辅仁国文系的助教。他们二人真正相熟，则是在“文革”后期。

1971 年春天，父亲突然接到通知，让他从咸宁干校返回北京，继续负责“二十四史”的标点校勘工作。“二十四史”点校工作，是我国学术史和出版史上的一项大工程，历时近二十年；我父亲从始至终参与并负责具体组织协调工作，为此付出了最多的精力和心血。严格说来，点校工作分为两个阶段，第一阶段是 50 年代末到“文革”前夕，第二个阶段是从 1971 年 5 月到 1977 年 11 月。经中央批示，第二阶段又增加了《清史稿》的点校工作。经过“文革”浩劫，原来参加点校工作的专家学者已然去之一半，只能重新组织各方面的力量，具体名单由我父亲拟定，再由军管部门上呈去审批。由于增加了《清史稿》，父亲提出借调启功先生和王仲翰先生，终获批准。当时启先生正在“牛棚”劳动，这次借调可以说整个儿改变了启先生后半生的命运。

在王府大街 36 号参与点校《清史稿》的四五年时间，是启功先生心情最为舒畅、生活最为愉快的一段时光。事后他常常回忆起那段生活，虽然物质并不十分丰富，但能在“文革”期间有这样一个避风港，从事一项喜爱的工作，对启先生来说于愿足矣。他和我父亲，除了工作上朝夕相处，私交也很好，来往非常多。当时启先生还住在小乘巷，有时来我家做客，管我母亲叫王大姐，还夸我母亲菜烧得好吃。1974 年偶然的情况下，启先生对我父亲说：我给你写点什么、画点什么吧。我父亲就拿出一个扇面，大概是启先生觉得那扇面不怎么好，又找出他多年珍藏的一件加重真佛赤金舒莲记扇面，写画之后赠予我父亲。一面写的是他的几首论书绝句，另一面画的是朱竹，“检旧作再加点染”，书画俱佳，堪称精品。这也是我父亲收藏的唯一一幅启先生的作品。

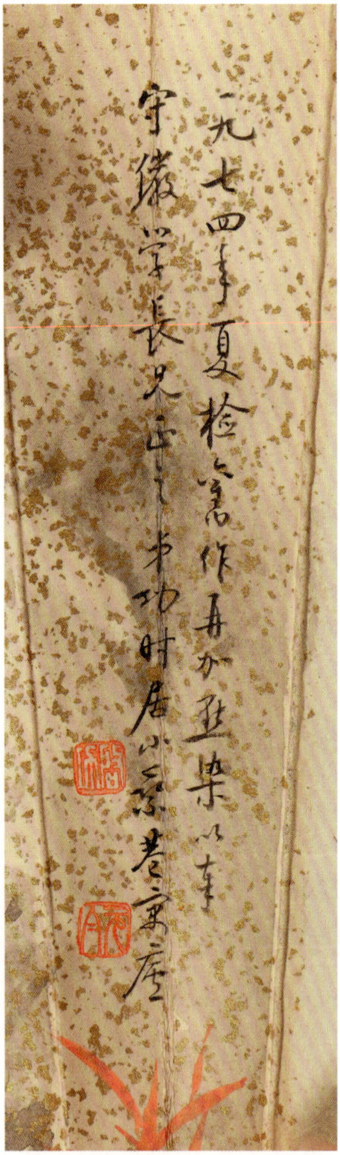

1993年6月我父亲住院期间查出肺癌，启先生得知消息后非常焦急。为了使我父亲得到更好的医疗和照顾，他主动为父亲的经治主任、大夫、病房护士长，乃至值班护士都写了字。犹记得启先生与我坐在安贞医院的小花园里，细问父亲的病情，关照我但凡有任何需要一定要对他说。1994年4月13日父亲病逝，我一再嘱咐中华书局千万不能惊动启先生，可是在父亲的告别仪式上，启先生还是来了。八十多岁的老先生，在八宝山休息室里等了将近两个小时。仪式开始前，我们夫妇去休息室向大家致谢，启先生握着我的手，一句寒暄客套话也没有，却是老泪纵横。

到今天，展看启先生当年送我父亲的这件扇面，犹感慨颇多。一方面，这件扇面是启先生当年生活境遇发生改变的一个物证，是他书画造诣高峰时期的一件精品；另一方面，它代表了启先生与我父亲的真挚情谊。

君子之交淡如水。70年代启先生常来我家的那几年，我家的藏品，启先生都看过。但是父亲没有麻烦启先生在任何一件作品上留下题跋，只是用卡片记录了启先生的一些评价。我想，这是对老先生的一种尊重。父亲去世后，有几次朱家溍先生来我家，对很多东西也有鉴定意见。我虽然德才比不了前辈，但我也跟父亲一样，没有麻烦朱先生写过一件题跋。我对朱家溍先生的感情，与我父亲对启功先生的感情，是一样的。永远怀念他们。

祖父的两方印

祖父赵世泽，字叔彦，号拙存，别号小鸥波馆主人，又署听松阁主人，三十岁后以字行。他是曾祖父最小的儿子，大排行九，称九爷，也就是后来启功先生的口述史里经常提到的“赵九先生”。祖父出生在北京，毕业于当时的京师贵胄学堂，曾历经清末皇朝的倾覆、民国的肇始、北洋政府时期，以及抗日战争与内战的动荡岁月，虽一生波折，但也算顺绥。

1929 年，在二十多年的南北颠沛之后，祖父回到久别的北京（时称北平），自此定居下来，直到 1950 年去世。

从 1929 年到 1937 年这八年，是祖父在北京最闲适的一段时光，也是他最有钱、收藏最丰富的时期。与其他一些收藏家不同，他平时深居简出，从来不去琉璃厂，都是由琉璃厂的一些大伙计夹包到家里来。他们知道我祖父喜欢董其昌、查士标、“画中九友”等人的字画，就投其所好，这样我祖父买的也就很多，称得上是当时颇有名气的书画收藏家之一。

1937 年，抗战爆发，北平沦陷，祖父坚决不出来做事，我家的生活也是江河日下。那么大的园子，家里用人那么多，只能坐吃山空，入不敷出，祖父就由收买转为变卖藏品了。如今在故宫博物院里的十余件法帖和书画藏品，都是他那时候变卖的，比如元代袁桷的《雅潭帖》、虞集的《白云法师帖》，以及查士标、董其昌的一些作品，都钤有他的鉴藏印。祖父自号“小鸥波馆”，取自赵孟頫的“鸥波”名号，因此，他有若干方“小鸥波馆”鉴藏印，钤于他喜爱的书画上。

说起祖父的印章，他常用的有一百多方，除了名章，还有字、号、室名、别号章，当然也有一些闲章，如“从吾所好”“人淡如菊”等。我现在收藏的他的印仅有几十方。这两方印，制印人是王福厂。白文的一方，刻“世泽长寿”，边铭为“丁卯三月朔又八日福厂王禔仿汉铜印”；朱文的一方，刻“叔彦”，边铭为“福厂刻于京师麋砚斋”。“丁卯”是1927年，彼时祖父虽尚未定居于北京东总布胡同，但是经常往来于东北与北京之间，与王福厂也有不少交往。

王福厂（1880—1960），初名寿祺，字维季，后更名禔，字福庵，一作福厂，号印佣、石奴等，室名春住楼、麋研斋等。王福厂是浙江杭州人，幼承家学，十几岁就以书法篆刻闻名于浙江东南一带，后与丁仁、吴隐、叶铭等共同创立了西泠印社。中年旅居长江中游，书刻艺术又有突破。1920年王福厂受聘于北洋政府印铸局任技正，1924年又应“清室善后委员会”（故宫博物院前身）之聘，出任该会古物陈列所鉴定委员，参与《金薤留珍》印谱钤拓之事。1930年他辞去官职，回到上海，成为一位职业书法篆刻家。在民国印林，王福厂可称一时之翘楚，对后世也有深远的影响。我祖父的这两方印，是王福厂1927年

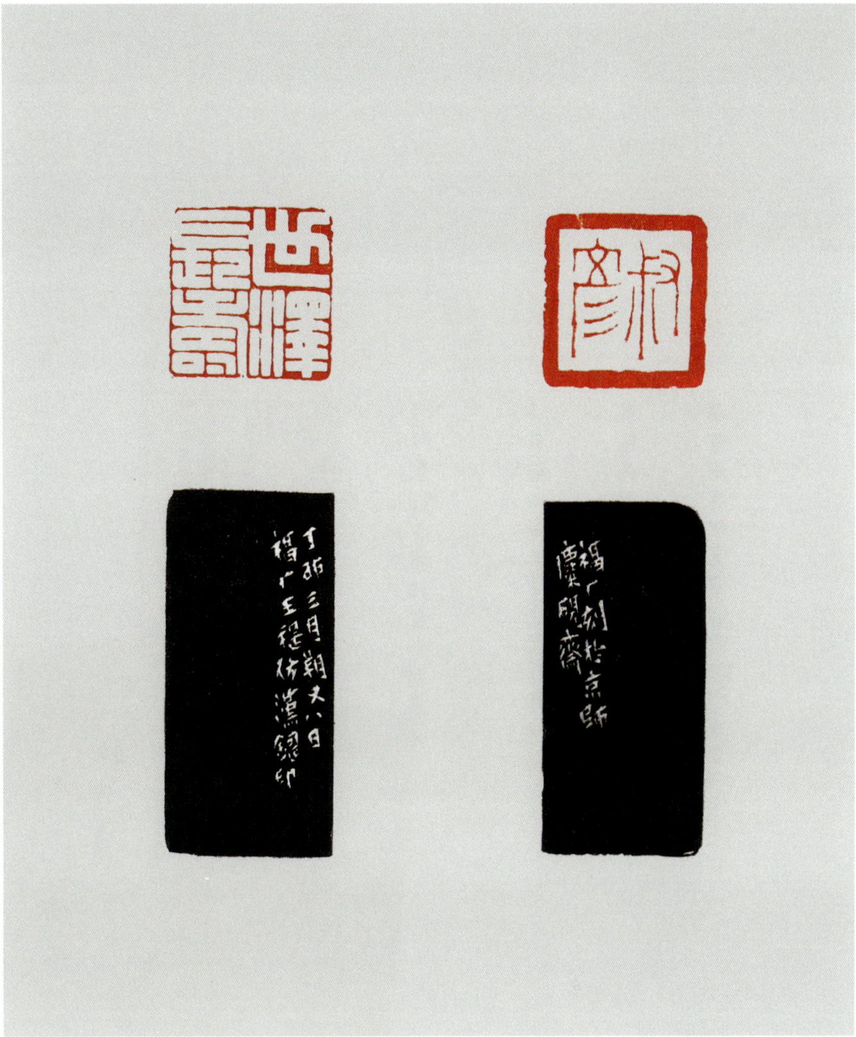

在北京所制，观之古雅静和，确是精品。

除了王福厂，为我祖父制印的名家，还有童大年、张樾丞、高心泉等。前几年，我钤了一部《彀外堂藏赵氏印存》，是我家四代人的印谱，其中即以我祖父的印为主，收了四十多方，父母的有十余方，我自己的印只收了几方。这部印谱的原钤本由我捐献给国家图书馆一部，入藏了金石善本部。同时也由中华书局影印出版，仅印了200部行世。

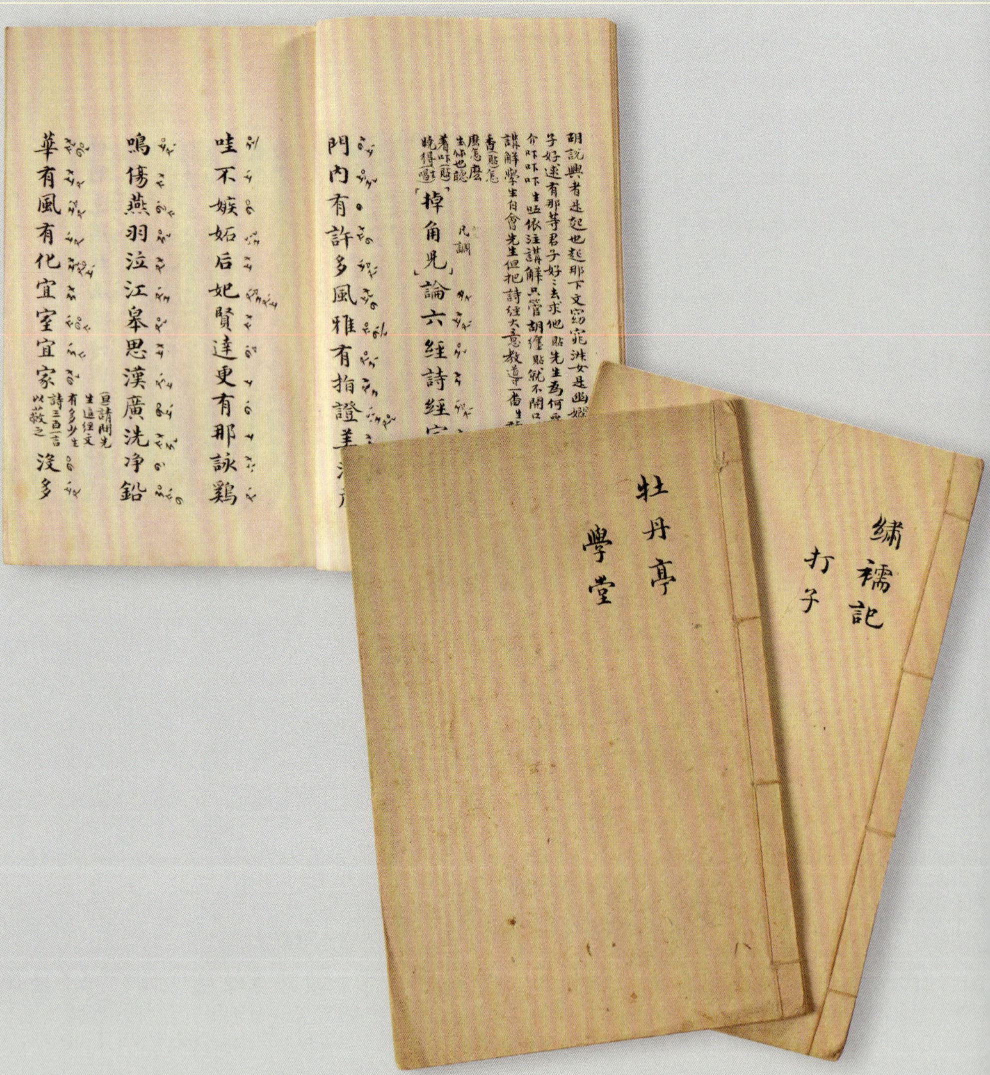

牡丹亭
學堂
綉襦記
打子

祖父的戏曲剧本

祖父自 1929 年卸任在北京做寓公以后，大体上只热衷于三件事。一是书画碑帖收藏；二是围棋，据说达到了六段的水平；第三件就是戏曲，他那时也出去看戏，但并不是很多，主要的是对于昆曲的研究。

昆曲在明代中叶达到鼎盛，与两个人有密切关系。一个是魏良辅，他对昆腔进行了非常精细的打磨，形成了细腻、婉转的“水磨调”昆腔。第二个是梁辰鱼，从梁辰鱼创作《浣纱记》之后，昆曲剧本的形式基本就固定下来了。自明代中叶至清乾隆中期，昆曲在中国戏曲舞台上占据主导地位。当时有句俗语，叫“家家收拾起，户户不提防”。所谓“收拾起”，是指《千忠戮》里《惨睹》一出的唱词“收拾起大地山河一担装”；“不提防”则是洪昇《长生殿》里《弹词》一出中，李龟年流落江南所唱“不提防余年值离乱”。这些唱词，家家户户都会唱，可见当时昆曲之盛况。

到了乾隆末年，昆曲开始“坐冷板凳”，乱弹、皮黄逐渐成为市场主流，这是事实。但过去常说 1790 年四大徽班进京是京剧形成的标志，我是一直反对的。乱弹在北京占据戏曲市场的主要地位，不等于京剧的形成。在道光咸丰时期，乱弹杂糅了秦腔、弋阳腔、昆腔、梆子等，慢慢糅合成所谓的京高腔，即京剧的前身。而京剧这个词，是到了光绪末年才开始出现，戏班子到上海去演出，上海人喜欢搞噱头，立出“京班大戏”的牌子，才有京剧、京戏之称，此前的习惯称谓是“皮黄”，即西皮与二黄之合称。

在我祖父生活的时代，戏院里演的多是皮黄，也有梆子，

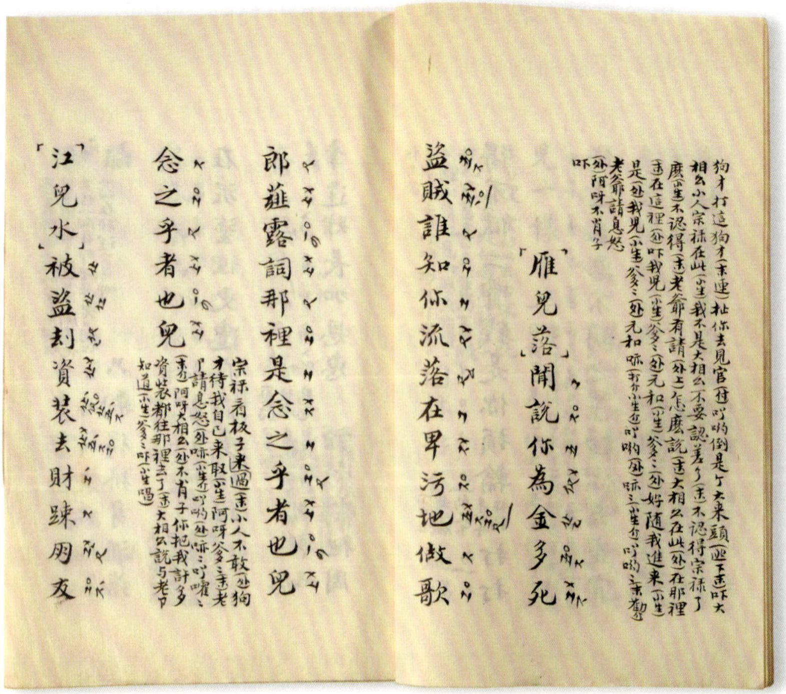

「雁兒落」聞說你為金多死
郎薤露詞那裡是念之乎者也兒
念之乎者也兒
「江兒水」被盜刦資裝去財賺朋友

所谓“皮黄梆子两下锅”。我祖父是比较喜欢昆腔的，但也无奈于昆腔的衰落。也许是因为不满意皮黄俚俗的缘故，也或许是遗憾于传奇不能以京剧的形式演出，他想出了一个变通的办法，就是将传奇本子加工改编为皮黄，为此他花费了大量时间与精力。至今还留存在我身边的，祖父用蝇头小楷写的戏曲创作和工尺谱，零零散散有几十种，而曾经存在祖母身边、上世纪60年代散失的，尚不知有多少。从遗存的这几十种来看，一类是他做的戏曲考略，一类是他抄写的带有工尺谱的本子，还有一类是他自己编写的剧本。编戏是需要动力的，对我祖父来说，这动力就是张君秋。张君秋是祖父的义子，有一段时间就住在我家东总布胡同的客房里，甚至家里有事了，都是他哥哥君杰跑到东总布胡同来找他回家。我父亲曾对我说起，有一次他听张君秋对祖父说：“干爹啊，现在的流行歌曲好听入时，听众喜欢，您看我能不能将流行歌曲的东西糅进皮黄里？”立时受到我祖父的呵斥，并给他立下规矩，那就是“改良而不逾矩”。现在想来，这与梅先生后来提出的“移步而不换形”是有着异曲同工之意的。

祖父为张君秋编了不少新戏，多是由传奇本子改编的皮黄，由于过于文雅，大部分其实很难上演。他将李渔的《玉搔头》改编成皮黄《凤双栖》上演过几次，《凤双栖》也是张君秋挑班“谦和社”的第一出新戏，1943年在上海演出的时候，广告上标以“赵叔彦编剧，王瑶卿导演，继程砚秋《锁麟囊》后的权威杰作”。另外，张君秋后来上演的《怜香伴》，也曾由祖父帮他打磨。

老祖母的小陈设

这两件小物，一尊景德镇白瓷开片弥勒像，一只辽三彩陶鞋，是我老祖母以前摆在多宝阁（也称博古架）上看着玩儿的。“文革”抄家前，我把它们揣在衣兜里带出，后来就一直陪在我身边。

虽然算不上什么了不得的文物，但这两件东西对我个人而言却十分珍贵。我跟我的老祖母，感情非常深。她姓初，本名初婉，字静瑜，山东诸城人。嫁给我祖父之后，随了夫姓，称赵初婉。老祖母因身体缘故，一生无出，但她对我父亲和我一直都非常好，视如己出。虽然自幼没念过什么书，但她随我祖父南来北往，所见过的大小世面也非同一般。我祖父曾教她读《纲鉴易知录》，到了晚年，老祖母不仅能自己读《六祖坛经》《红楼梦》，还能背诵《诗经》中的不少篇章。

由于祖父去世和两位祖母（老祖母和我的亲祖母皆为侧室）分家的缘故，从 1955 年起，老祖母跟我们就不在一块儿住了。我的亲祖母和我父母一起住在东四二条，老祖母则自己单住。她本来是在东四十条买了一处独门独院的住所，后来房子被街道办事处看中，不得已而让出，最后落脚在东四四条。我那时候上中学，午饭常去老祖母家吃。她做的贴饼子、红烧肉，至今都能让我想起那个味道来。由于老祖母处世低调，“文革”中未受太大的冲击，到 1966 年 9 月，老祖母被抄家之前，把家中的贵重细软，交由我一点点带出了东四四条的住所。但是，能拿出来的毕竟有限，这两件东西，因为很小，揣在衣兜里就带出来了。

白瓷弥勒像，一手可握，通体开片，弥勒菩萨形神柔和，正是“展笑容以示慈悲，现大肚以示宽容”的形象。景德镇是我国古代南方著名的瓷窑，尤以白瓷闻名。这件弥勒像应是清

代中晚期的景德镇作品。

而辽三彩，虽有“辽瓷”之称，其实并不算是瓷器，而是一种低温烧制的铅釉陶器，胎质粗而硬，釉色以黄、绿、白三色为主。与唐三彩不同的是，辽三彩的器物以生活实用器为主，也有少量的陈设用器、随葬明器（亦称冥器）等。辽代中后期严禁金银陪葬，辽三彩成了当时主流的陶瓷陪葬器物。这只辽三彩鞋，应该也是一件明器。鞋面为黄、绿两色，饰花卉纹与云纹，鞋底刻有手纳的“针脚”，制作颇为讲究。我的老祖母是抽烟的，常常随手就将烟灰弹在这只陶鞋中。

一转眼，快六十年了，这只陶鞋和弥勒像一直跟着我。看到它们，就想起我的老祖母。

曾伯祖的印章

这是我的曾伯祖赵尔巽晚年用的两方印章，一方是“赵尔巽印”，一方是“无补老人”。两方印章的石头不算特别好，应该就是寿山石，难得的是，它们正好是印纽雕饰组合的一对。

我曾祖这一辈，亲兄弟四人。长子赵尔震（大排行二）、次子赵尔巽（大排行三）是同治甲戌科同榜进士。在古代的科举制度中，进士分三等，第一等叫“进士及第”，也就是一甲，只取三人。一甲第一名是状元，第二名是榜眼，第三名是探花。到了二甲，就可能有七八十人，都称为“进士出身”，二甲第一名称为传胪。三甲，称为“赐同进士出身”，人数更多一些，但一般也不会超过二百人。所以大体说来，一科进士也就二百人上下。像赵尔震和赵尔巽这样，兄弟两个同榜进士，也是不太多见的。三子（大排行四）就是我的亲曾祖赵尔丰，四兄弟里只有他一个没中进士，是举人出身，在功名上稍差了一些。四子赵尔萃（大排行七），别号傲徕山房主人，是很有名的收藏家，他是光绪己丑科进士。所以他们这一辈是“一门三进士”。如果从我太高祖达纶论起，到我高祖文颖兄弟，我们家一共出了六个进士，就是所谓的“一门六进士”。“弟兄两总督”，说的则是赵尔巽、赵尔丰都做了总督。

赵尔巽，可以说是这四兄弟中仕途最顺利的，最得意的。他后来次第做到山西巡抚、湖南巡抚、户部尚书、湖广总督、四川总督兼成都将军、东三省总督兼奉天将军。1910年他离任四川总督的时候，是“兄终弟及”，就是说，他把四川总督的印信交给了自己的亲弟弟，也就是我的亲曾祖赵尔丰，这是清政府朝廷任命的。哥哥交印，弟弟接印，一时传为佳话。离任四川总督之后，赵尔巽又调任职位更高的东三省总督。这个职位一般由满人担任，我们家是八旗汉军，所以这已经是很破格了。虽然身处大动荡的年代，但是赵尔巽一生的仕途还是比较顺利的。

在东北的时候，赵尔巽不遗余力地推行新政，首要一条，是他实行了财政改革，开始铸币，发行纸钞，极大地改善了东北财政。第二是实行警察制度，维护东北的治安。第三是比较巧妙地处理与日本的关系，日俄战争后日本已经开始染指东北、觊觎东北了，在当时的情况下怎么去平衡这其中的关系，是非常难的。第四，就是他收服了张作霖。张作霖这个人还是有本事的，在跟日本的关系上，他采取不得已的虚与委蛇、应付要赖的做法，但主权却是一点不让步的。张作霖对赵尔巽一直视为“知遇之恩”，是执晚辈礼的。

辛亥革命后，全国大部分地方都实行地方自治了，东北也宣布自治。这之后不久，赵尔巽就辞官了，后避居青岛。我的两位祖母后来就常说，三老太爷（她们都管赵尔巽叫“三老太爷”）处世相对比较圆滑，能够审时度势。当年在四川兄弟交接印信的时候，赵尔巽知道我曾祖的性子比较刚烈，就叮嘱他处事一定要谨慎，未料最终还是出了事。1912 年赵尔巽辞官之后，就到青岛去做寓公了。当时遗老们的避居之地，首选是天津，因为有租界，比较安全；第二就是青岛，如康有为、劳乃宣等都选择了青岛；第三是上海，如陈夔龙等；第四则是旅顺。赵尔巽避居到了青岛。我的祖父赵世泽，因为自己的父亲不在了（赵尔丰在辛亥四川路政风波中被杀），也跟在赵尔巽身边，所以一度也住在青岛。

后来，袁世凯当大总统的时候，因为跟袁世凯的关系不错，曾伯祖赵尔巽就想修清史。我祖母曾经跟我讲，曾伯祖有一句

口头禅："我是清朝人，我做清朝官，我吃清朝饭，我修清朝史。"所以他立志要修清史。修清史，这可不是一个个人行为，得成立一个机构，就是清史馆；又需要经费，那么就找袁世凯。袁世凯凭着旧关系，就给他拨了一部分经费，其实也是杯水车薪。

这个清史馆的办公地点，就在今天故宫的东华门内。辛亥革命以后，故宫乾清宫以外的地方都已收为国有。清史馆的办公机构就在东华门内，文华殿附近。当时在职的，连带挂名的，参与其事的共有二百来人。中间往来的联络人，就是朱启钤，时任交通总长。所以朱启钤对我曾伯祖也是执晚辈礼的。清史馆经费相当紧张，基本就是入不敷出。前不久有人跟我提起，看到清史馆的墨盒、镇纸什么的，我说那都是伪造的，那时候连工资都发不出，哪有闲钱做墨盒、镇纸？当时参与其事的主要人员，一个是夏孙桐，一个是柯绍忞，真正身体力行去做的，包括吴廷燮等，总计有二百来人。这个工作大概是从 1915 年开始，进行了十一二年，到 1927 年的时候，赵尔巽的身体状况已经很不好了，但他一直希望在有生之年能够完成这部清史的编修。在他的一再催促下，最后只得仓促成书。所以出来以后不敢叫"清史"，而叫"清史稿"，意思是一个稿本。

1927 年 9 月，赵尔巽在北京去世，享年八十三岁。当时我的两位祖母作为侄媳都在北兵马司赵宅的灵堂守孝，后来她们也都亲口跟我讲过张作霖前来吊孝的情景。张作霖那时候已经是北洋政府陆海军大元帅，可以说正处于他一生中的巅峰时期。那天，他是披麻戴孝，从赵家北兵马司宅邸的大门口一直磕头

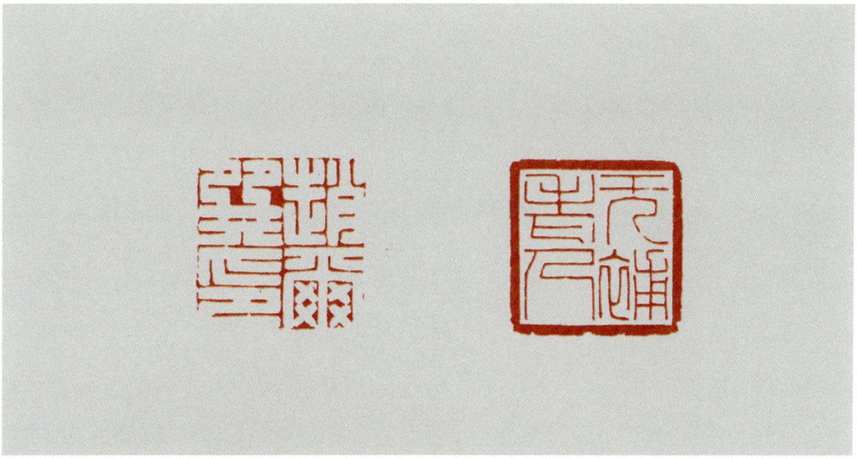

进去的，磕到灵前，痛哭流涕，直至两个鼻孔流血不止，被人搀出灵堂。转年，发生了“皇姑屯事件”，张作霖被炸身亡。

赵尔巽的这两方印，刻得很规矩，都是仿汉印风格，但是没有边铭，不知是何人所篆。“赵尔巽印”是白文，“无补老人”是朱文。按照传统，正式的名章一般用白文；凡是字、号、堂号、斋号等等，都用朱文。“无补”就是没有什么遗憾。赵尔巽六十一岁得子赵世辉（小名天赐），感到此生无憾，因此自诩为“无补老人”。在他晚年，七八十岁以后，经常使用的就是这两方印。后来它们一直保存在我祖父手中。

最近有人谈到，1925 年驱逐溥仪出宫后，成立故宫博物院，故宫的实际负责人并非是始于易培基，在此之前依次应该是李石曾（清末大学士李鸿藻之子、同盟会会员）、王世珍（“北洋三杰”之首）、赵尔巽三位，此后的正式院长则有易培基、马衡、吴仲超、张忠培、郑欣淼、单霁翔、王旭东。这前三人，虽无院长的名分，但也曾是故宫的短时间主持人。

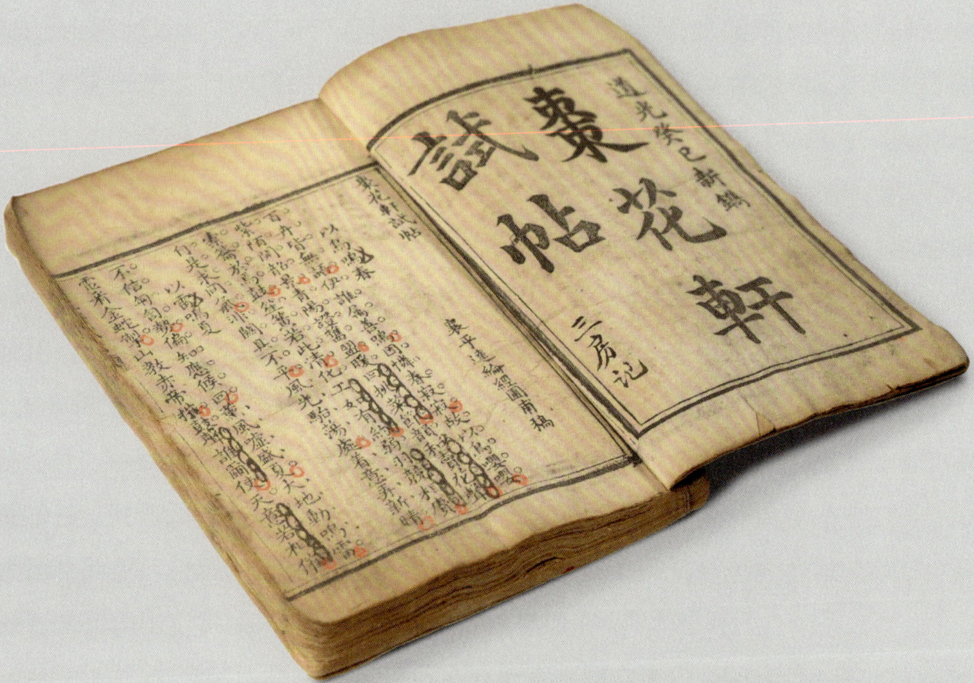
道光癸巳新鐫
棗花軒試帖

太高祖与高祖的两件遗物

从顺治三年（1646）开始，我家便落籍在山东泰安（一说是山东莱州）。因此赵家的籍贯考证，应该从入关后定居山东算起，即今山东泰安（或莱州），而郡望则是古襄平。关于古襄平，一直有两种说法，一是辽宁铁岭，一是辽阳。

我的太高祖名达纶，字莲洲，号经圃，生于乾隆五十四年（1789），是道光癸未科进士，翰林院散馆后在陕西佛坪做过知县、知府。前几年，曾有一位年轻的朋友居然买到我太高祖的《枣花轩试帖》相赠。清代以八股取士，原不试诗，康熙后期有动议加试五言长律，至乾隆间开始实行。这本《试帖》，应该就是我太高祖为作应试诗而自编的选本。穿越两百年时光，来到我家的这卷残破的试帖，是太高祖唯一的遗物了。

我的高祖名文颖，生于嘉庆十九年（1814），字子异，号鲁斋、锐峰，与高叔祖文起（字景翰）都是道光乙巳恩科进士。因为是八旗汉军的缘故，他们的名字前并没有冠以“赵”姓。高祖文颖以同知衔任山东阳谷县知县，到任第五天，阳谷被捻军围困，他守城殉难。因为殉节的缘故，《清史稿》中专门有传

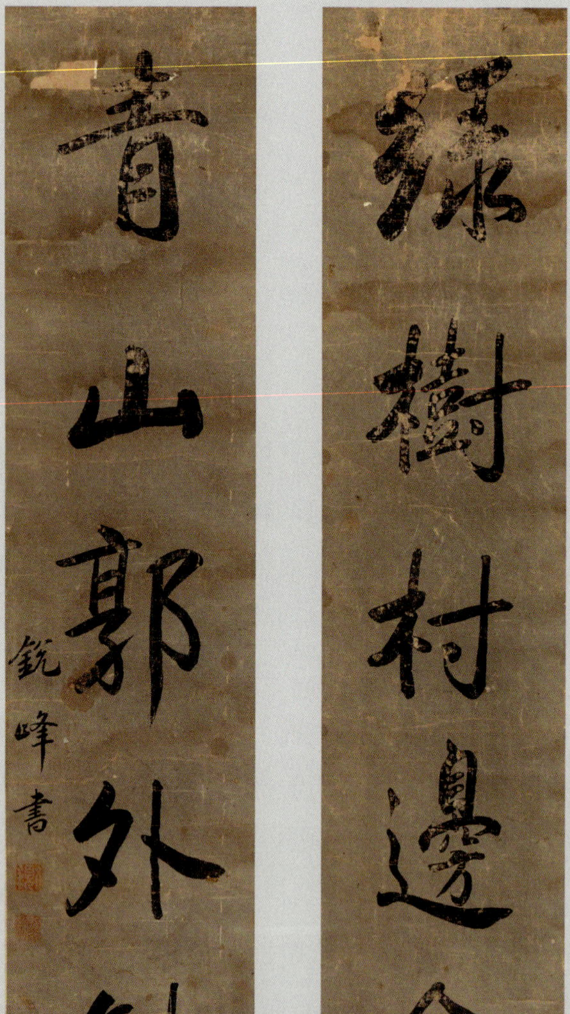
綠樹村邊合
青山郭外斜
銳峰書

记载。自高祖殉难后，我家的境况十分艰难，一度连纸都买不起。但是高祖母很了不起，她以一己之力，抚养大了四个孩子，并亲自负责四个孩子的教育。高祖母幼承家学，能诗文，著有《双清阁吟稿》和《训子手札》，后来她的侄女又嫁给我曾祖赵尔丰，姑作婆，也就是我的曾祖母。

先高祖虽然在《清史稿》中有传，却没有留下什么著述、遗物和墨迹。这副残破的文房小对，是高祖唯一留存的手泽。上世纪 70 年代末，我在西城孟端胡同找人做了修复与装裱。历经近两个世纪，墨色已有淡褪，舒朗之气犹存。

先高祖魯齋公手澤
先高祖魯齋公手澤

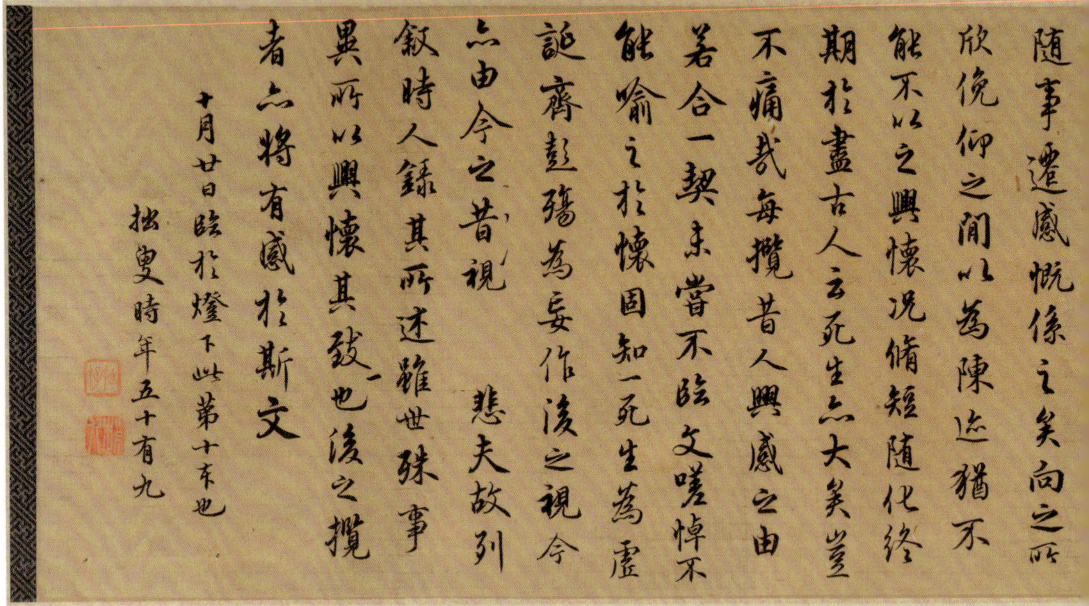

隨事遷感慨係之矣向之所
欣俛仰之間以為陳迹猶不
能不以之興懷況脩短隨化終
期於盡古人云死生亦大矣豈
不痛哉每攬昔人興感之由
若合一契未嘗不臨文嗟悼不
能喻之於懷固知一死生為虛
誕齊彭殤為妄作後之視今
亦由今之視昔　悲夫故列
敘時人錄其所述雖世殊事
異所以興懷其致一也後之攬
者亦將有感於斯文
十月廿日臨於燈下此第十本也
拙叟時年五十有九

两代人的《兰亭》

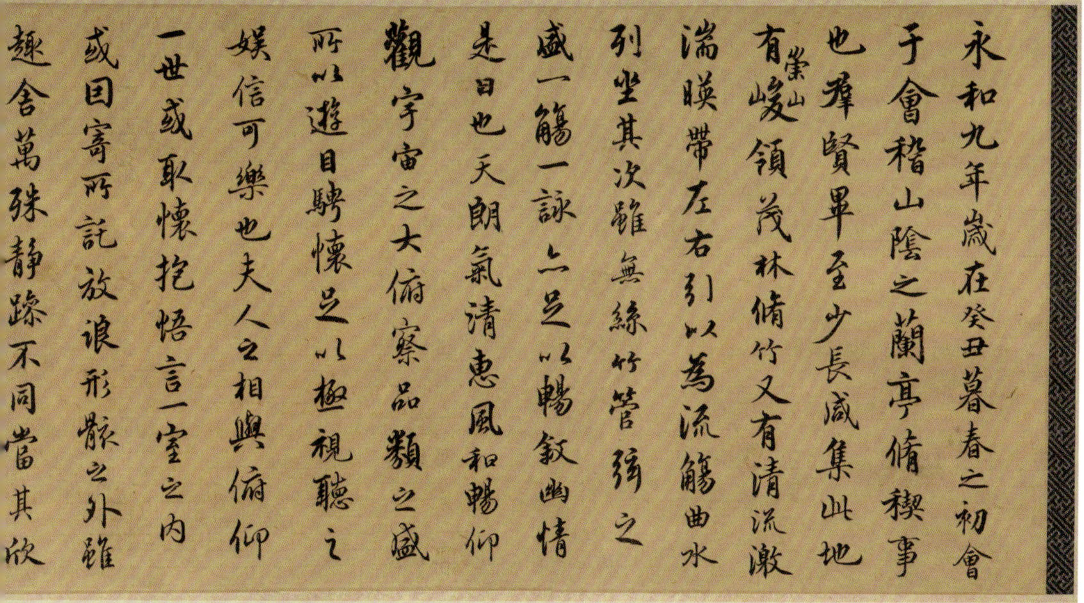
永和九年歲在癸丑暮春之初會
于會稽山陰之蘭亭脩稧事
也羣賢畢至少長咸集此地
有崇山峻領茂林脩竹又有清流激
湍暎帶左右引以為流觴曲水
列坐其次雖無絲竹管弦之
盛一觴一詠亦足以暢敘幽情
是日也天朗氣清惠風和暢仰
觀宇宙之大俯察品類之盛
所以遊目騁懷足以極視聽之
娛信可樂也夫人之相與俯仰
一世或取懷抱悟言一室之内
或因寄所託放浪形骸之外雖
趣舍萬殊靜躁不同當其欣

这是我祖父和我父亲临写《兰亭》的两件墨迹。

我祖父很喜欢写《兰亭》，现在家里还留有近二十幅他写的《兰亭》。这一幅，从款识来看，是他所写的“第十本”；“时年五十有九”，也就是1944年所写。这件墨迹后来装裱后一直挂在我家，启功先生看到后有一句评论：老太爷的字写得真好，通篇无一字败笔，甚得《兰亭》神韵。这是启先生的原话。

祖父在琴棋书画上的造诣，对我的父亲影响很大，使他从小在家庭生活中受到一种潜移默化的文化熏陶。父亲从小临帖，也写得一手好《兰亭》。中华书局出的书，有很多书名就是他题写的，因为当时在整个书局里面，他的字是公认的写得最好的。说来也巧，父亲的这幅《兰亭》，也是在他六十岁左右所写，想来只是随性而作，没有任何题款，篇末的名章还是我后来补钤的。

在父亲生命的最后一年，在医院，我与他朝夕相伴，聊得很多。关于祖父，他有两个感慨。一是他和祖父的年龄差距比较大（他出生的时候祖父已经四十多岁），虽然他们父子感情很深，但是从交流、谈话上来说，还是比较疏淡一些，这是让他深以为憾的。父亲的第二个感慨是，祖父是一个能力非常强的人，才华横溢，但因为时代境遇，才能不得施展，以致寂寂无名。父亲对此还是耿耿在怀的。

近日，我在《〈永安月刊〉笔记萃编》一书所载石寄松《卷庐随笔》中，读到一则有关我祖父的记叙：“赵之九公子世泽，书法赵吴兴，词学纳兰容若，清季由青岛入蜀省亲，与余相见。绮年玉貌，儒雅温文，曾出视其所填词云：‘万点蜀山迷望眼，

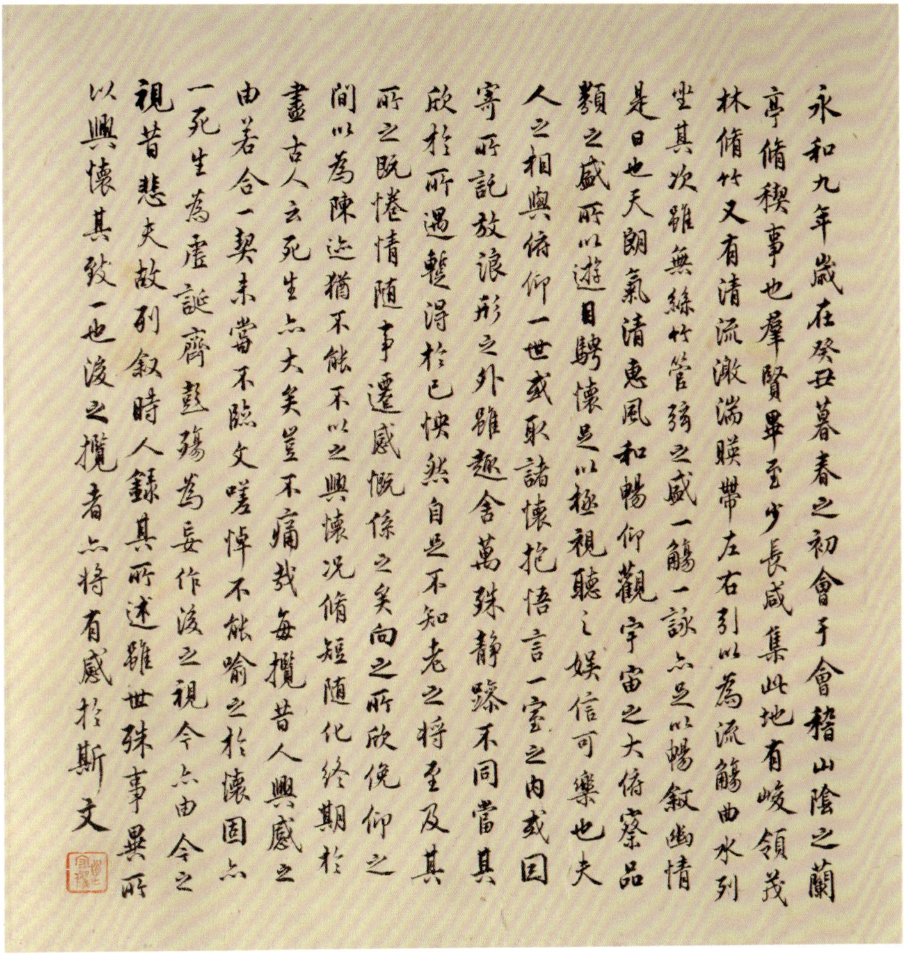
永和九年歲在癸丑暮春之初會于會稽山陰之蘭
亭脩禊事也羣賢畢至少長咸集此地有崚領茂
林脩竹又有清流激湍暎帶左右引以為流觴曲水列
坐其次雖無絲竹管弦之盛一觴一詠亦足以暢叙幽情
是日也天朗氣清惠風和暢仰觀宇宙之大俯察品
類之盛所以遊目騁懷足以極視聽之娛信可樂也夫
人之相與俯仰一世或取諸懷抱悟言一室之內或因
寄所託放浪形骸之外雖趣舍萬殊靜躁不同當其
欣於所遇蹔得於己怏然自足不知老之將至及其
所之既惓情隨事遷感慨係之矣向之所欣俛仰之
間以為陳迹猶不能不以之興懷況脩短隨化終期於
盡古人云死生亦大矣豈不痛哉每攬昔人興感之
由若合一契未嘗不臨文嗟悼不能喻之於懷固亦
一死生為虛誕齊彭殤為妄作後之視今亦由今之
視昔悲夫故列叙時人錄其所述雖世殊事異所
以興懷其致一也後之攬者亦將有感於斯文

思亲梦逐白云飞。杜鹃声苦，只道不如归。愁似春潮来有信，情如断茧已无丝。个中滋味，空有泪痕知。’发乎性情，凄清工丽，洵谢庭之玉树，乌衣之隽才也。”

思之怅然。

IDEAL

四代人的玩具

说起我小时候最爱玩儿的，莫过于“摆小兵”。我有一个浩大的“兵阵”，小兵们穿的是一水儿的橄榄绿军服，那是依照第一次世界大战时期德国军队的形象制作的，姿态造型则有七八种，有站立扛枪的、举枪的，有单腿跪姿和卧倒射击的，人数总有百十余个。因为是铅做的，拿在手上沉甸甸，很是带劲儿。这么多的兵，却没有将，自然是不行的，于是我又给我的队伍添了很多骑马小人儿。那些泥胎小人儿多是依照戏曲中的人物扮相描绘制作，以三国人物造型居多。魏蜀吴三方的主要将帅自不用说，关张赵马黄，那是五虎上将威风凛凛；还有头戴雉鸡翎的吕布，英气逼人；就是像曹营八将，东吴的甘宁、丁盛，西蜀的魏延、廖化等，也都对号入座，配备齐整。这些骑马小人儿虽然是戏曲舞台上的扮相，但都骑在马上，这就平添了几分真实感。几十个中国古代的骑马将领，率领着一百多号西洋的现代士兵，还有四五门炮和坦克，那场面别提有多壮观了。

中式的泥马小人儿，在当时的东安市场里有售，大约是一毛五分钱一个。我每次去东安市场，必要能够买两个回家，才心满意足。西式的小兵和大炮，则是从我父亲那里继承来的，那也是他小时候的玩具。到如今，我那浩浩荡荡的兵马大军，唯一剩下的，就是这门铁皮山炮了。

第一次世界大战发生在1914年到1918年，因为战场局限于欧洲，所以也叫欧洲战事。“一战”期间所用的炮，基本就是这种型号的山炮。它的发明时间是1880年，在欧洲一直使用到“一战”结束。但是在中国，直到军阀混战时期，用的都还是这种山炮，甚至一直用到1945年抗战胜利。我家的这门玩具山炮，生产时期是上世纪20年代初，“一战”结束后不久。1928年我祖父辞官后在大连住了一年，这个玩具就是那时候在大连买的，当时我父亲也就两三岁。炮身上至今可见“Made in Germany”的标记。不过毕竟是玩具，从形制来说并不是做得特别规范。但是，对于一个小男孩来说，这样一件能打出火星的大炮重器，真可谓是难以释手的宝贝了。

回忆我的童年时光，从六七岁起，有四五年时间，都沉浸在这“排兵布阵”带给我的无限乐趣之中。那时候也已开始看戏、听评书，戏里书外的那些故事，也就融入了我的小兵小马。嘴里念叨着“只听得一声炮响，从山后杀出一哨人马来”——这时候，事先隐藏的将啊兵啊，就得冲将出来，直杀得人仰马翻……“排兵布阵”需要场地，一般的桌面铺展不开这“宏大”的场面，我常用的是父亲书房里的那张大书桌，还有我家吃饭的大圆饭桌。除了场面大，情节自然也是曲折跌宕的，所以还得搬来一摞母亲的精装外文书，在桌面上构筑“山峦城池”，方才铺陈出一幕幕中西合璧的武装大戏。此时最怕的，就是家人喊吃饭，得马上把饭桌腾出来。所有的迂回、埋伏，将啊兵啊炮啊，全得撤下，前功尽弃，真是极为扫兴……

有意思的是，我儿子也和我一样，从小喜欢摆弄小兵马人。他操练的“战场”，也扩大到直接占据了他爷爷书房的整个地面（当时书房的地面是铺着地毯的）。他七八岁时，在爷爷奶奶家过寒暑假，可以一声不吭地在书房里玩上一整天。常常到了开饭时，我母亲他们才突然想起楼上的房间里还有个“独自奋战”的孩子。我那时候在医院工作，偶尔有闲时，也曾给他做过“城片子”，用硬纸板铰出城墙、吊桥等，一面再画上城门、垛口、敌楼等样子，可摆可收，跟我小时候玩过的一样，甚而还更为精细。只不过他的童年时代已没有了铅制的小兵，而都是塑料制品了。唯有这门铁皮山炮，还在他的兵阵中左突右冲……到如今，我孙子也开始拿着它玩耍了。

这一件小玩具，在我家陪伴了四代人的童年，恰好历经一百年。

IDEAL

FALKLAND
ISLANDS
KING PENGUIN
1833
5/-
1933
POSTAGE
REVENUE

我的动物邮票

邮票，是纯属于我个人的、没有任何家族传承的一项收藏。

1957年，我八岁，母亲的一个同学从比利时寄来一套三枚纪念莫扎特诞辰二百周年的附捐邮票，雕版印刷，十分典雅。我还记得其中一枚是莫扎特小像，另外两枚是乐谱和音乐厅建筑的图案。母亲把这套邮票送给我，从此便开启了我的集邮历程。

在小学二年级时，我同班上有七八个男同学都开始集邮，大家还常常将集邮册带到学校来，中午休息时就拿出来观赏，当然也少不了显摆和攀比的心态。那时中国集邮公司刚开业不久，地点就在东华门大街路南，一栋灰色的二层小楼。不知是谁提出放学后去集邮公司看邮票，几个同好自然踊跃响应，我们就开始经常在放学后结伴去东华门了。

那时的集邮公司，营业大厅是大理石的地面，正对大门有四根正方形的厅柱，每一面都有玻璃橱窗，环绕大厅的东西和北侧是三面橱窗，里面展示着各种邮票。正对大门的南侧是方形三面柜台，营业员坐在里面分拣顾客所要的邮票。几十年来，许多往事淡漠了，但集邮公司里的场景却恍如昨日。大厅东侧的两根方柱，四面橱窗里展示着中国新邮和解放区邮票；西侧两根方柱的四面，展示的则是外国新邮——集邮公司只出售当时的社会主义国家新发行的邮票。每套邮票都有两个价签，一是新票价签，一是盖销票价签，对我们这些小学生来说，当然只是选择盖销票了。每遇售缺，那价签就会翻过来成为空白。

那时买邮票的方式也很有意思。先要到柜台上取一张小纸片，再去橱窗看邮票，看到心仪的，就在小纸片上记下编号，然后交到柜台上，售货员在可旋转的小架子上一一拣取顾客所需的邮票，装入一个个印有“中国集邮公司”字样的小纸袋，最后再由售货员将价格加起来，就可以结账了。那时的集邮公司永远是顾客盈门，每逢星期天人就更多了。我在那里也看到过夏衍、周贻白等熟悉的面孔，他们也挤在人群中，一样排队买邮票。

稍长，开始懂得选择不同专题的邮票。同学中有选择体育、飞机、汽车、风光、动物等专题的，我一开始也买过体育、花卉专题，后来因为着迷于世界文学作品，就开始专门收集文学艺术名人邮票。从小学五六年级至高中一年级，陆续收集了纪念列宾、列维坦、伦勃朗、达·芬奇、戈雅、伏尔泰、托尔斯泰、雨果、狄更斯、拜伦、雪莱、贝多芬、李斯特、舒曼、肖邦，当然也包括中国的关汉卿、杜甫等许许多多文学艺术家的邮票。可以说，有很多文学家和艺术家，我是先在邮票上认识了他们，之后才真正接触他们的作品。此外，我还买邮票目录。世界上有四大邮票目录——美国的斯科特目录、德国的米歇尔目录、法

CORREIOS
5c.
ANGOLA
CORREIOS
10c.
ANGOLA
CORREIOS
50c.
ANGOLA
CORREIOS
20c.
ANGOLA
CORREIOS
15c.
ANGOLA
CORREIOS
1,50 Ags.
ANGOLA
CORREIOS
1 Ag.
ANGOLA
CORREIOS
2 Ags.
ANGOLA
CORREIOS
2,50 Ags.
ANGOLA
CORREIOS
3 Ags.
ANGOLA
CORREIOS
3,50 Ags.
ANGOLA
CORREIOS
4 Ags.
ANGOLA
CORREIOS
5 Ags.
ANGOLA
CORREIOS
6 Ags.
ANGOLA
CORREIOS
4,50 Ags.
ANGOLA
CORREIOS
7 Ags.
ANGOLA
CORREIOS
10 Ags.
ANGOLA
CORREIOS
15 Ags.
ANGOLA
CORREIOS
12,50 Ags.
ANGOLA
CORREIOS
20 Ags.
ANGOLA
CORREIOS
25 Ags.
ANGOLA
CORREIOS
30 Ags.
ANGOLA
CORREIOS
40 Ags.
ANGOLA
CORREIOS
50 Ags.
ANGOLA

POSTAGE THE STATE OF REVENUE
NORTH BORNEO
BRITISH PROTECTORATE
二先
2 TWO CENTS 2

THE STATE OF
NORTH BORNEO
POSTAGE BRITISH PROTECTORATE REVENUE
四先
PROBOSCIS MONKEY
4 FOUR CENTS 4

POSTAGE THE STATE OF REVENUE
NORTH BORNEO
BRITISH PROTECTORATE
十先
ORANG UTAN
10 TEN CENTS 10

国的香槟目录、英国的吉本斯目录——我是按照一般中国人和亚洲人的习惯，从香港购买的斯科特目录。如此几年下来，邮票集得不少，装有七八本。后来我写过一篇散文《花花绿绿的小纸头》，就是记载我童年时代邮票给予我的快乐和知识。

到了1966年，我的那些文学艺术人物邮票，自然就成了“封资修”“大洋古”。我父亲非常害怕，对我反复陈述利害，先是把邮票目录都烧了，接着就劝说我将这批邮票统统烧掉。这是我非常难过的一件事。我至今留有一张小纸片，上面贴着一枚邮票的灰烬——那是一枚捷克邮票，一只鸟——作为难忘的“伤痕记忆”。

这是我的第一度集邮经历。

1974年，我从内蒙古回来，分配到医院工作。经过“西学中”后，我正式师从中医师刘宗恒大夫。刘大夫上世纪40年代毕业于华北国医学院，是当时为数不多的受过高等教育的中医。我跟他感情很好。改革开放初期，百废俱兴，邮票公司也恢复了。刘大夫童心未泯，五十多岁开始集邮，且如痴如醉，于是我将家里残存的几套中国邮票如金鱼、菊花、蝴蝶等都送给了他。有段时间，我每周二都要去东单三条中华医学会听学术报告，路经东华门邮票公司，就会买两套邮票送给他。这也促成了我的二度集邮。

当时，我发现有一些动物邮票，设计、印刷都很漂亮，于是也买了几套。此后，便一发不可收拾，将动物作为收集专题，从 70 年代末至今，四十余年未曾间断。在收集世界动物邮票的过程中，我使用最多的工具书，是当年日本邮趣协会编辑的《世界动物切手图鉴》，它不同于一般的商业性目录，而是收录了世界上全部动物邮票的图案。我与此书的编者岛津安树朗、朝妻昌彦、荒川好满等也成了忘年交。近十年前，我已收集齐了自 1853 年以来世界各国各地区发行的所有动物邮票，此后每年即只买新票了。到今天，我的动物邮票已装满 140 多本灯塔大册，近 30 万枚。

现代生活，汲汲忙忙，一张花花绿绿的小纸头，却可使人顷刻安静下来。可以心无旁骛地翻看我的邮票，便是我最高兴、最放松的时刻了。

我的将近 30 万枚动物邮票无法在这里展示，因此仅以几枚较有代表性的票品出示：1933 年英属福克兰群岛企鹅，是早期雕刻版的精品；大套 24 枚全鸟是上世纪 50 年代初葡属安哥拉的，可算是鸟类邮票中扛鼎之属；那 3 枚上世纪初英属北婆罗洲的未加盖使用过的动物邮票，也是比较少见的。

辑二

韦奇伍德提梁小罐

韦奇伍德（Wedgwood）是创始于18世纪的一个英国陶瓷品牌，被誉为英国陶瓷艺术的象征。据说，18世纪末马戛尔尼率使团来到中国时，送给乾隆皇帝的祝寿礼单中，就有英国人引以为豪的韦奇伍德瓷器。

我家的这只韦奇伍德提梁小瓷罐，是母亲当年的一件陪嫁品。我留有一张父母结婚时的照片，母亲倚立在新房的一个柜子旁，柜子里面陈设着许多精致小物，其中就有这件提梁罐。原本是一套两个瓷罐，后来母亲把稍小的一个送给了我舅舅作纪念。这一个稍大的，我就一直留在身边，摆在卧室的小桌上。罐身主体是以蓝地衬托白色的浅浮雕图像，描绘希腊神话中丰饶与欢乐的节庆场景。铜制镀银的口盖、底托及弧形提梁，与罐身紧密镶嵌。整体风格古朴典雅，令人过目难忘。

韦奇伍德这个陶瓷品牌，说来也是一段传奇。韦奇伍德家族生活在英国北部特伦特河畔的斯托克，他们的家族制陶业可以追溯到17世纪初期；到18世纪中叶，韦奇伍德窑在斯托克已有一定知名度。但真正创立韦奇伍德这个品牌的，是被誉为

“英国瓷器之父”的约西亚·韦奇伍德，他在1759年结束学徒生涯，开始独立建窑，从事制陶生产。约西亚·韦奇伍德身逢英国工业革命大潮，他本人又极具创新、钻研精神。1765年，他将一套镀金边的带有贝壳浮雕边饰的茶具和咖啡具送给夏洛特女王，女王大为赞赏，授予韦奇伍德奶色陶器以“女王御用”（Queen's Ware）之称号。1770年，韦奇伍德开始为俄国女皇叶卡捷琳娜二世定制产品，其中一套规模庞大、制作精美的“青蛙餐具”（Frog Service），又提升了韦奇伍德在英国乃至整个欧洲的声誉。此后，经过反复材料试验，以及在设计中引入新古典主义设计元素，韦奇伍德又创制了

黑色炻器（Black Basalt）和碧玉炻器（Jasper），即在新研制出的黑色、蓝色等有色炻器胎体上贴饰白色的人物或植物纹饰，以强烈的色彩对比，营造立体浮雕的效果。在后来的一二百年里，韦奇伍德也有一些新产品问世，如釉下青花、骨瓷等，但它在18世纪下半叶铸造的新古典主义风格，及其优雅、古典的气质，始终是人们对这个古老品牌最深刻的印象。可惜的是，2009年，具有250年历史的韦奇伍德公司因债台高筑而宣布破产。

巴伐利亚小蝴蝶

上世纪 90 年代初，上海的唐无忌先生到我家来。唐先生是1935 年生人，比我年长十多岁。他是民国第一任总理唐绍仪的族孙。他的外祖父周今觉，是中国第一代极具影响力的集邮家，人称“邮票大王”。两位舅父周煦良和周炜良，一位收集清代明信片，一位研究“上海大龙”。唐先生自己也是集邮家，早年专攻外票，他收集的列支敦士登邮票最为齐全，也写了很多外邮研究的文章。我们两人结识，也是因为集邮，当时我们同在全国邮联担任学术委员，而且兴趣爱好都十分投契，自然就有了一些来往，他来京开会，也总会来我家小聚。

那天唐先生在我家，我母亲当时还在世，他们两人很聊得来，因为唐先生除了集邮以外，也爱好收集西洋艺术品。令我印象很深的是，那天唐先生特别看重我母亲的一件陶瓷小摆件，就是这只德国巴伐利亚出产的瓷雕小蝴蝶。这只小蝴蝶，在我家也有些年头了，平时摆在那里确实也觉得挺可爱，但也只道是平常；唐先生对这件小瓷雕，却是一见即爱不释手，以至于磨着我母亲，希望能出让给他。

对于西洋艺术品，真正懂行的并不多，唐无忌先生在此方面却可说是爱好成癖，且精于鉴赏。因为家世关系，他从小受的是西洋教育。据说他年轻时候，曾结识一家旧货店的一位黄姓师傅；这位黄师傅虽未念过书，但长年在旧货店打磨，经手多少东西，眼光多少老辣。也是因缘际会，黄师傅跟唐先生成了忘年交，教给他很多西洋艺术品的知识。唐先生曾经提到，这位黄师傅当年教他，一定要买有Mark（标识）的作品，并且一定要是手工绘制或全手工制作的艺术品。后来随着年纪增长，唐先生对集邮一项逐渐淡出，对西洋艺术品的收藏则更投入精力，尤精于欧洲名厂名牌陶瓷艺术品的鉴藏。

我家的这只小蝴蝶瓷雕，出自德国陶瓷名厂“罗森塔尔”（Rosenthal），底座下有Rosenthal标识，且是早期“经典玫瑰”图标。说起罗森塔尔这个品牌，它的历史其实并不算特别悠久，它是1879年诞生在德国巴伐利亚的塞尔布（Selb）小镇，创始人名叫菲利浦·罗森塔尔。起先只是一家小小的瓷器彩绘厂，逐渐因为产品的高质量与艺术性而打开了局面。1908年罗森塔尔公司特别设置了艺术部门，开启艺术瓷器的制作，如人物、花鸟等反映时代艺术特征的具象瓷雕产品，同时他们也将艺术创造运用到餐具设计中，引领了欧洲瓷器的风尚。如今的德国国家瓷器博物馆，就是在罗森塔尔的旧厂房基础上改建的，其在德国瓷器工业史上的地位，于此也可见一斑。

巴伐利亚的小蝴蝶，几十年来一直还在我家静静地栖息着。偶尔看到它，即想起老朋友唐无忌先生。今年他该有九十高龄了。

俄罗斯烟盒

上世纪20年代中期，我祖父举家定居在齐齐哈尔和哈尔滨两地。祖父当时任黑龙江省烟酒事务专卖局局长，公署是在当时的省会齐齐哈尔，但是两位祖母喜欢哈尔滨洋派的生活，一年里的大部分时间都住在哈尔滨。这银质的俄罗斯烟盒，就是他们当时在哈尔滨买的一个小物件。

1917年俄国十月革命以后，很多俄国旧贵族经由西伯利亚逃到中国。当时他们的去处，主要有三个地方。一个是上海。那些有一技之长的，比如会演奏乐器的，会画油画的——俄罗斯的油画水平很高，陈丹青就一直很推崇列宾、希施金、苏里科夫、列维坦这些画家，他在美国的时候，看到美国对于俄罗斯油画不太重视，认为很成问题。陈丹青自己也受俄罗斯绘画的影响很大——俄罗斯流亡贵族在上海这样的城市里，比如在百乐门这种地方，可以找到一些工作机会，混口饭吃。他们的第二个去处是天津。因为天津有租界，有很多旧时代的遗老遗少，还有一些时髦的人，也都聚集在天津。境遇最惨的一批旧贵族，经济能力、生存技能等比较差的，就留在哈尔滨了。

在沙俄时代晚期，有贵族头衔的人数不少，什么侯爵、伯爵、子爵、男爵都很多。他们在哈尔滨只能坐吃山空，靠变卖维持生活。最先变卖的一般就是首饰；首饰卖完了就卖一些生活用品，比如我家曾买过的沙俄时代的白铜大茶炊、银质的全套俄式餐具、挂着流苏的窗帘和台布等；最后山穷水尽了，一些随身的小物件也拿出来卖，这个烟盒就是其中之一。当时我家有一个看门的就是子爵，还有一个送牛奶的，大概是男爵。听我老祖母说，那时候哈尔滨大街上有许多钉鞋的、赶马车的俄国人，其中子爵、男爵并不鲜见。

这个烟盒当时是从哪里买来的，我不太清楚。但我可以肯定的是，虽然我祖父、父亲都吸烟，但他们都没有用过这个烟盒。它太漂亮、太招摇了。通体是纯银的，内部有鎏金；盒盖上雕有一条巨蟒在喷火，富有神话色彩；巨蟒的眼睛，以及侧面的烟盒按钮，都用绿宝石镶嵌而成。如此“吸睛”的一个烟盒，好比现代人追求的LV，属于一种炫耀性的奢侈品。像我祖父、父亲这样行事比较低调的人，不大可能拿出来用的，最多就是赏玩一下，因为它的工艺确实精湛。

由这个烟盒，我想起一部苏联电影。在上世纪 50 年代中期到 60 年代初，苏联出现了以丘赫莱依导演的影片为代表的电影“新浪潮”，像我们比较熟悉的《第四十一》《士兵之歌》《晴朗的一天》等影片，中国文艺界在 1963 年曾把它们作为“现代修正主义的艺术标本”进行批判。其中有一部彩色电影，名字记不得了，可能放映得不多，知道的人也不多，但是我印象很深，电影的剧情就是围绕着一个类似的烟盒而展开。当时它是被当成“阶级调和论”的一个典型进行批判的。

电影讲的是沙俄时代的一名长工，与一位贵族小姐相爱，两人经常偷偷幽会，后来被贵族小姐的哥哥，一位军官发现了，他当然不能同意他们在一起。当军官发现妹妹又与这个长工幽会时，他怒不可遏，当时手里也没有其他武器，于是就从衣袋里掏出一个银质烟盒砍过去，正打在长工的额头上，立时鲜血涌出。长工没有说话，将烟盒捡起揣走。此后他参加了革命，成为一名布尔什维克，再也没有见过贵族小姐和她的哥哥。

很多年后，他们都老了。当年的长工已白发苍苍，是一位退休的苏维埃军官。有一次他乘坐游轮，游轮上有一位服务员，同样也是满头白发，托着盘子来送东西。两人突然对视，彼此都认出来了。他是当年的长工，他是当年的贵族小姐的哥哥。当年，两个人的眼睛里都充满了仇恨。然而此时，他们的眼神里，早已没有了仇恨，只剩下沧桑与无奈。退休军官从怀里掏出那个烟盒给服务员看，两个人都没有说话，服务员转身出去了。影片最后，隔着一面因冰霜而模糊的舷窗，军官轻轻地哈一口气，冰霜消融，恰好显现出窗外经过的服务员的脸，又一次对视……整个故事情节大概就是这样。

这部电影我印象非常深刻，里面的重要道具——贵族军官的银烟盒，跟我家的这个烟盒非常像，只是图案有所不同。这个烟盒，可以说代表了那个时代的俄罗斯贵族的一种生活风尚，也反映了他们的生活命运。一百年前，它从某位俄国旧贵族手上流转到我家；一百年来，它又见证了几多颠沛流离，真可算是饱经沧桑了。

金毛龟与红木架

从我记事起，这件东西就摆在我父亲的书桌上。我父亲有一张很大的书桌，菲律宾木的，上面铺着厚厚的玻璃砖，下面压着一层绿色的绒布。书桌可以两边坐人，两边各有十个抽屉，有时我父亲和我母亲就相对而坐，各做各的事情，可以互不干扰。1966年的时候，因为父母要去干校，就把这张书桌以80元之价，卖给了翠微路商场的一家信托商店。曾经摆在书桌上的这只金毛龟，倒是一直保留到今天。

“金毛龟”这个名字，其实是我自己随口叫的。像这样拖着长毛的龟，在自然界中是否真实存在我不太清楚，据说在日本，这样的长毛龟也被叫作蓑龟。准确地说，这是日本江户时代早期的一件铸铜龟形置物。江户时代相当于我们的明万历朝至清同治朝。江户是东京的旧称，1603年德川家康在江户开设幕府，开启了一个大将军时代，绵延265年。日本人是很崇拜龟的，一则因其长寿，二则因其顽强坚忍，他们认为龟代表着他们的一种民族精神。另外，无论在中国，还是在日本，“毛龟”都被视为长寿的象征。

比金毛龟更值得重视的，是它底下的随形红木架，做得非常巧妙，龟的一只爪子可以嵌进去，稳稳地落住。架子与金毛龟并非原配，它是北京小器作的手艺。“小器作”是后来的一种叫法，实际上应该叫“巧器作”，是木器行业的一个门类。小器作在全盛时期，是由能工巧匠专门为一些价值很高的文物配以座、架。这些座、架都是因材施艺，一物一座，工匠必须亲察实物，然后回去画图、设计样式。座、架要与器物匹配相宜，形制、花纹、线条无不贴切，衬托得器物更加精神，但又不能喧宾夺主。

小器作虽然是一项精巧的手工艺，但一般都没有门脸，也很少有字号，大部分小器作都设在胡同里的某个院落中。干这一行的，通常都是家庭式作坊，父传子，子传孙，代代相传。清末以后，小器作行就逐渐衰落了。民国期间，北京的小器作主要集中在琉璃厂、隆福寺街、东四南大街、羊市大街以及前门廊房二条、花市一带，约数十家。其中较大的作坊如琉璃厂的复兴厚、杨梅竹斜街的广兴顺，工人尚有二十名左右。1937 年以后，随着日本侵占北平，大部分雕工都失业了，有的改行，有的回到农村原籍种地，只有少数人舍不得放弃手艺，为了糊口，凡是木雕工人能做的活儿都做，诸如修理旧物、刻牌匾等。50 年代中期，我家曾托人找到原来小器作的师傅，修理过几件散了架的红木物件，后来就很难再见到小器作的传人了。

所以今天来看这件金毛龟红木架子小器作，还是让人十分感慨的。小器作的东西都很有灵气，独具匠心。当年摆在我父亲书桌上的小物件，除了这只金毛龟，还有一只独角兽，十分可爱，兽身上有大明宣德年制的款。与金毛龟的架子相类似，那只独角兽也有一个小器作的木雕底座儿。“文革”后期，有一天我家来了一群学生，他们是跟着安装玻璃的师傅来我家“学工”的。待他们“学工”结束离开我家，书桌上的独角兽连同小器作底座儿，就都不见了，推想是被哪个学生顺手牵羊给拿走了。

日本莳绘嵌螺钿文具箱

这是一件日本明治时期的文具箱，十分精美，是我母亲的陪嫁品。我母亲大概是挺喜欢这件东西的，还亲手缝制了一件箱套，是用她自己的一件锦缎旧棉袄改制的。她将棉袄上的盘扣拆下，重新设计，缝在箱套的开口处，这个场景我还依稀有些印象。

这种文具箱，也叫“砚箱”，是日本的传统器物，用来盛放砚台、毛笔、砚滴、裁纸刀等文房用具，以木胎漆器居多，用莳绘、螺钿等手法装饰，营造精美绝伦的艺术效果。传世精品如八桥莳绘螺钿砚箱、舟桥莳绘砚箱等，在日本都被定为国宝级文物。

我母亲的这套文具箱，整体造型为圆角长方形。箱内双层，以一件长方形的浅盘，区隔为上下两层。内外莳绘金地，一轮巨大的银月，破碎的席围，芦草、秋花，乃至浅盘

上极幽微的蛛网、秋叶，无不体现着日本特有的审美情趣。螺钿点缀的花瓣，在莳绘所营造的细腻静谧的气氛中增添了一抹俏丽，又不显俗气，是颇见功力的。

莳绘是日本最具代表性的漆艺技法之一，一般认为是源于中国的“末金镂”，明代《髹饰录》中有类似的工艺，归入填嵌门。唐代之后，“末金镂”工艺在中国未能继续发展，却在日本开枝散叶，形成了完整的莳绘工艺体系。莳绘需用大量的金粉、金箔等，据说到目前为止，还没有研发出可以替代真金的其他材料来达到同样的艺术效果，因此莳绘漆器向来十分昂贵。明末清初，日本莳绘漆器传入清宫，受到帝王喜爱，康熙帝更有“漆器之中洋漆最佳，故皆以洋人为巧”之评价。

七方椟盒

韩非子有一则“买椟还珠”的故事，讲的是郑人从楚人那里买了一个极其精致的木盒，内盛珍珠，郑人喜其木盒却还其珠，而珠的价值却远在盒之上，后来喻以去取不当，成为人们熟悉的成语。椟，就是木制的盒子或函套。如果单以艺术价值考量，那“熏以桂椒，缀以珠玉，饰以玫瑰，辑以羽翠”的木椟实在是太精美了，郑人之举也是可以理解的。

从中国文玩的类别看，盒子或木匣之类的“椟”，当属杂项一类，却又是许多文玩的附属品，或言珠、椟是不可分开的，盒子本身既有观赏性，又有很强的实用性。比如常摆在我书桌上的一件清代中晚期的插盖墨锭盒，红木材质，工艺也不错。还有一个印章盒，是用整块紫檀抠出来的，牛毛纹很漂亮，我用它放些曲别针之类的小杂物。这两个盒子都是我祖父留下来的。相比而言，我母亲更喜欢买一些洋玩意儿。

我还清楚地记得，在上世纪50年代末，我当时已有十岁左右，有一天我随母亲一起去到东四的一家委托商行，母亲看中了一个匣子和一座台灯，因为分量不轻，是由委托行的老茹

第二天打包送到家里的。这匣子特别精致，内为木质，外包羊皮，那羊皮是平雕的西洋式图案，匣上镶有三道铁匝，并有锁眼，可惜钥匙丢失了。匣的底部盖有“瑞记”字号戳，“瑞记”（Arnhold Karberg & Co.）是清末民初最著名的洋行之一，1854年由德籍犹太人安诺德兄弟和同父异母的卡尔贝格创设于上海，后在天津、汉口等地设有分行。除了“瑞记”两个中文字外，匣底还有两行洋文，或为初始购买者所书，并有“1894”字样。到底是洋人购藏在先，还是“瑞记”出售在先，已经很难考证，但此匣显然不是中国制造，出品年代至迟也到19世纪晚期了。如今，我还常用它来盛放各种信函，尺寸款式都很合适。

那件斯里兰卡贴雕象牙片木盒，以及袖珍的锡镀金小盒，也都是母亲早年所购。木盒的五个面上都有细密的象牙镂雕贴面，顶面中央的牙片上绘有一人一牛，似取材于民间故事。锡盒则是连底面都满刻花纹，面面俱到，尤以镀金的顶盖最显工艺精美，表现的似是西人狩猎图。两者都洋溢着浓郁的异国风情。

JOKER

捷克纯银盖水晶盒，是用整块水晶所制，银质盒盖上雕刻的奔跑的大狗，体态雄健，而毛发纤毫毕现，是颇见功力的。我们习惯称之为“狗盒”，似在我家有许多年了。

2002 年，内子到美国普林斯顿大学作学术交流，第二年我们又去了一次，在普林斯顿住了几天。某天徜徉于普林斯顿小镇，在一家小小的古董杂货店里，花十美元买了一只波兰的橡木盒。盒盖上是马戏小丑，盒壁上是心形图案，一望便知是手工制作，风格拙朴。这盒子是放扑克牌的，盒内有一层隔板，正好放两副扑克，那盒盖上的小丑就是牌中的joker（百搭）。我不会打扑克，家中也没有扑克牌，因此至今没有派上它的用场。

宣德款铜炉

从我记事起，这件铜炉在我家就是用于祭祀摆供的。中国人讲究“慎终追远”，春节要祭祖，从前北京过年鞭炮声最密集的时段，不是零点交子时，而是晚上六七点，那正是各家各户祭祖的时间。

在 1963 年之前，我家每年春节都还是要摆供的，就是从大年三十的下午开始祭祀祖先，直到初一下午才撤供。50 年代搬到东四二条后，我家住房与旧日相比窄小了许多，所以每年摆供就只能利用我父亲的那张菲律宾木的大书桌。摆供时先撤去桌上所有的文具，摆上祖先牌位和五供。中间一个香炉——就是这件大明宣德年制款的铜炉——点上三炷香，两边烛台、花觚各一对。然后由我父亲上香、奠酒（父亲奠酒之前，先由我负责斟酒），再是三跪九叩这套仪式。祭祖的菜品，就是一些凉菜和大件，晚饭时撤去，换成清茶和果品，初一早上起来供年糕、汤圆，基本到下午就撤供了，比旧时的仪式简化了许多。还记得有一年的初一，上午十点来钟，宋云彬先生来到我家。我当时十来岁，正在院里玩儿，看到院门外步入一位老者，仪态儒雅，风度翩翩，问我这里是不是赵家。我立即跑去招呼我父亲。当时摆供尚未撤去，父亲显得有些尴尬，只好将宋先生让到书房。宋先生一进门，看到家里正摆着供，就频频点头，操着浓重的浙江海宁口音，理解地说：“啊，祭祖先，祭祖先。”他当时的语调与神态，我至今回想起来都还如在眼前。

后来，春节祭祖的仪式没有了，这件上香的铜炉倒是一直留存下来。它的形制，是桥耳乳足，外底有减地阳文楷书款“大明宣德年制”，字体端正、稳重。炉表有片状点金色。整而观之，可称大气端庄，手头也是很沉的。我个人认为应属清早期制品。

说起“宣德炉”，其实应该将其理解为一种泛称，并不仅仅是指宣德年间所造香炉，也泛指与之形制相近的铜炉。在众多的收藏品类中，宣德炉是唯一一个没有公认的标准器的品类，然而又因其独特的艺术魅力，古往今来嗜好者不计其数。宣德炉自诞生之日起就不断被仿制。明中叶至清早期的宣德款炉，一般被认为是品质较好的，其中尤以器形古雅、质地细腻、款识精致者为上品。自晚明以来，由于文人雅士在制炉、鉴炉等方面的深度介入，宣德炉也从最初的祭祀与焚香并重，逐渐演变为祭祀功用越来越弱化，熏香与欣赏的功用越来越凸显。我家也有几件小型的宣德炉，精巧雅致，那便是专用来焚香、赏玩的了。

大明
宣德
年製

大明
宣德
年製

青白瓷香薰

“红袖添香夜读书”历来是文人憧憬的美梦，但这“添香”二字，却并非常人想象的点燃线香的香头那么简单。线香的出现大约是明代以后的事情，在此之前，古人焚香的基本方式是将香球、香丸或香饼置于炭火之上慢慢焙燃，并不断添加香料，使香气渐渐升腾。

至于焚香的器具，无盖、敞开式的一类，我们常称之为“香炉”；有镂空盖、半封闭式的一类，则常称为“香薰”。其实，镂空盖式的香具很早就出现了，从出土文物看，至少在春秋战国时期就已经有了镂空盖式的陶质香薰。著名的博山炉，两汉时期盛行于宫廷与贵族之家，它的特点是在表面雕刻成重叠山形的装饰，虽形态各异、争奇斗艳，但都镂有气孔，以使香气从镂孔之中升腾散发。宋以后，瓷质香薰风靡一时，它们的器型相对较小，便于室内安放，更为士人所青睐。

这件元代青白瓷香薰，原先一直在我老祖母那里保存着。这是她比较珍视的一件东西，作为文物珍藏着，没有使用过。盖与座两部分相合成扁圆球形，上盖镂刻卷草纹，茎叶之外皆

镂空，底座下部刻出双层莲瓣纹，纹样线条自然过渡到三足，造型精巧，质感光润，釉色介于青白二者之间，观之十分雅致。

“文革”中，老祖母因为平时生活比较低调，并未受到太大的冲击。家中被查抄封存之后，她便居住在四条大院内的一间小屋里，直到 1969 年北京疏散人口，我父母又要去干校，才不得不将她安置到扬州。老祖母移居扬州时，也把这件香薰随身带到扬州，几年后又带回了北京。镂刻的瓷器其实是很不容易保存的，所幸几番颠沛并未造成大的损伤。

茄皮紫釉陶案

这件陶案是我母亲50年代中期所购，应该是墓里出土的明器，风格比较粗犷。案面平直，案下有四兽形足外撇。最吸引人处，是它的茄皮紫釉，应属辽代烧制。紫色釉最早在唐三彩和辽三彩中出现，明中期以前的紫色釉多带褐色，清康熙时始有大量深茄紫釉器生产。

旧时，明器多为室内陈设的忌讳，很少有人将三彩之类的明器陈设于家中，但是喜爱三彩的洋人并没有这样的禁忌，尤其是民国初年以来在京居住的外国人，对于三彩更是钟情，甚至连镇墓兽等都可以摆放家中作为陈设。于是不少三彩摆件也出现于古玩铺里。我的母亲也从无这样的忌讳，于是才会将这件陶案买回家。除了釉色别具一格，它的造型也很独特，尤其是下面的四足，粗犷壮实，并未着釉，显得十分霸气，代表了北方少数民族的风格。可能是烧制过程的问题，成品略有变形，器型并不十分平稳，四足无法同时着于一个平面。

这件三彩小物并无多高的经济价值，但是我很喜欢它的釉色和造型，于是也将其收录，就算聊备一格吧。

明代铜鎏金佛像

在我家，从祖父祖母，到我父亲母亲，都不信奉宗教，唯有我的老祖母是很虔诚的佛教徒。我小时候还曾被老祖母带去广济寺，与其时正在北京讲经的虚云法师有过一面之缘。老祖母自己单住，她有一个不大的佛堂，是专门供佛之处，可惜她那里的佛像后来都在“文革”中散失了。我家现有的几尊佛造像，不知是上几代留下的，还是祖父或母亲买来的，总之到我家时便是空膛无脏，并不为供奉，而是作为古物欣赏的。

佛教在两汉之际自印度传入我国，魏晋以降，佛教艺术遂成大宗。论造像，有汉传造像与藏传造像两个系统，又有金、银、铜、铁、石、木、玉、陶、瓷、泥等多种质地。我家的这两尊明代铜鎏金佛像，都属汉传造像，褒衣博带，气韵生动，是很好的艺术品，保存状况也比较好。稍小的一尊，高髻螺发，正中饰髻珠，前额宽广，双目垂视，神态安详。这是典型的释迦牟尼成道像，结跏趺坐，左手于腹前施定印，右手于膝前施触地印。

稍大的一尊，也是高髻螺发，唯其姿态，在佛造像中殊为

少见：右足支起，双手扶膝，侧首，双目微闭，嘴角上扬，面露微笑。此佛面容与体态，予人特别和静、安宁之感；外披袈裟之线条，又雕刻得极为明朗流畅；整体造型优美、柔和，具有很强的艺术感染力。美国旧金山亚洲艺术博物馆藏有同款造像一件，为美国实业家、收藏家艾弗里·布伦戴奇旧藏。

『气死猫』城门柜

印象中是1956年的一天，我的老祖母带着我去逛后门桥，也就是今天的鼓楼大街一带。当时后门桥有很多卖古玩的铺子，主要是那一带旧王府和旗人宅门儿多，民国后破落了，变卖财产以维持生活。其中也有卖中式家具的铺子，既有坐商（就是有正经店铺的），也有那种临时性的卖古旧物品的摊铺。即便是坐商，一般也都不大，能摆进店里的东西有限，所以也在街面上、马路牙子上摆出好多货物供顾客挑选。这件“气死猫”就是我老祖母在街面上一眼相中的。

所谓“气死猫”，其实就是一种放在厨房用来储存食物的窗棂状橱柜，猫看得到食物、闻得到香味儿，却进不去、吃不到，当然就很生气，因此戏称“气死猫”。这件“气死猫”，从造型上来说，叫“城门柜”。咱们今天印象中的城门好像都是圆弧形的，其实在宋元时候，城门是方直的，近似梯形。这种柜子的造型也是上头略窄些，底下略宽些，近似城门的样子，所以叫“城门柜”。

那时候，我的老祖母心气儿挺高，她在东四十条新买了一所房子，虽然不大，但是格局不错，她找人把房顶整个儿给拆了下来，好的木料仍然使，不好的木料换成新的，这在旧时维修房屋叫“挑顶”，算是大工程，她花了很多心思把房子装修了。这房子没有东西房，只有南北房，前后两个小院，是很不错的。老祖母那会儿也高兴，想补充一些家具什么的，就带着我一起去后门桥逛家具店。我那时候七岁多，对老祖母买这件“气死猫”的情形，影影绰绰还有些印象。但具体的细节，还是王世襄先生后来告诉我的。原来，当时王世襄先生就在旁边，他也看中了这件“气死猫”，只因他比我老祖母晚到一步，买东西不能戗别人行，所以就在旁边等着。当时老板开价八十元，还不讲价。王先生跟我说，他那天很想买下这柜子，就等着老太太说声“不要了”。没想到老太太不但拿下，还“饶”了两样。他挑起拇指说：“老太太真是行家。”我的老祖母，确实精明，死说活说，非要人家再搭上一个红木的杌凳和一只黑漆描金的漆盒，才肯付那八十元。就这样，八十元买了三样东西。那个红木杌凳是正方形的，买回家后我拿它当桌子，在上面写作业。描金的漆盒，大概是清晚期的，很合我的心意，因为我可以用它来装我的小人书，空间很大，搁得下二百来本小人书。

所以说，我和王世襄先生的缘分，跟这件“气死猫”有着很密切的关系。当然，我七岁多那会儿，根本不知道旁边那位中年男子是何许人也，一直到三十年后，1985 年的夏末秋初，这个日子我记得很清楚，我才真正跟王先生认识。那时候，我刚从医院调到燕山出版社，筹办《收藏家》杂志。今天《收藏家》还在刊行，我还是编委，但当时办《收藏家》的初衷跟今

天不太一样，今天的《收藏家》档次比较高，专业性、学术性比较强。当时调我过去，是想办一个受众面更宽一点的刊物。我拟了一个方案，叫作“中外收藏，古今收藏，公私收藏”，六个方面。谈到古今收藏，那就必然牵涉到收藏家。我就据我所知，在全国范围内，开了一个当时还在世的收藏家名单，大概有一百多人，包括朱家溍、王世襄、徐邦达等诸位先生都在其内。在北京的当然是近水楼台，我就先去一一拜访。王世襄先生当时还住在南小街芳嘉园15号的老宅中。最初接待我是在他北房东侧的厨房里，屋里十分杂乱，光线也很昏暗。在聊天的过程中，他就问了一下我的家世、原来住哪儿等等。很突然地，王先生就想起1956年后门桥的那件“气死猫”，问我东西还在不在。我说在的，1961年我父母从东四二条搬到了西郊翠微路，分给我们家的是一套三居室，空间还算比较宽敞，所以当时就把那件“气死猫”也搬了过去。要是留在我两个祖母那边，“文革”的时候肯定就被抄家抄走了。

大概一个月后，我当时住在和平里，一天清晨，6点半，“当当当”，有人敲门。我心想谁这么一大早的，开门一看，是王世襄先生，手里提着一个大瓜，站在我家门口。我也是自作多情，心说王先生来，怎么还给我送个瓜？其实不是，人家是早上去买菜，买了个大冬瓜，送礼也没有送冬瓜的呀。王先生是骑自行车来的，七十岁的年纪，身体真好。略微寒暄之后，他说：“我想看看您家那个‘气死猫’。”我这才恍然大悟，王先生是一直记挂着这件“气死猫”呢。我赶紧把他让进屋，他就前后左右看了半天，抚摸半天，又说：“您能让我拍两张相片吗？”

我说行啊。他从一个油腻腻的蓝布口袋里，掏出一个大概是海鸥牌的照相机，前后左右噼里啪啦照了五六张。后来他的《明式家具研究》里面没收这件东西，原因呢，一则东西的所有权不是他的；二则，那天拍的照片肯定质量不行，首先我家光线不怎么好，其次他那相机水平也不灵。所以这件东西就没有收进去，但是王先生对它的评价很高。

它的材质是黄花梨的，两侧镶板都有“鬼脸”，里面并有三层躺板。柜门的上半部是“万字不到头”的拼花，下半部有浅雕花。当年在后门桥买下来的时候，店家说这四框是元代的，门是清初所配。可是最近这些年，有过几位研究家具的专家到我这儿来，他们都认为是明代的原装，绝对不是清代后配的。不管怎样，这件东西从我七八岁起就一直跟着我，几乎陪伴我一生。对我来说，它一方面是对老祖母的纪念，另一方面也是跟畅老的这么一个渊源。当年他来敲门的样子，如在眼前，仿佛就是昨天的事情。

紫檀半圆桌

半圆桌，也叫月牙桌，是在圆桌的基础上衍生而来，多在较小空间使用，靠墙或临窗摆放，兼有实用性与装饰性，是一种较为灵动的传统家具。

这张半圆桌，在我家也有一百多年了。在我的印象中，它一直是紧贴着柜子摆放的。最初是摆在一架带玻璃罩的多宝阁大柜的前面；60年代初我父母从东四搬到翠微路，带去了一套红木书柜，连同这张半圆桌。在那之后，它就一直摆在红木书柜的前面，直到今天，在我自己的书房里，它还是像以前一样，低低地挨着书柜。

此桌年代应属乾隆晚期，贴紫檀木皮材质。半圆面下高束腰，浮雕花卉纹；上下托腮雕莲瓣，极为工整精细；牙板与腿足上部均雕缠枝莲纹，疏密有致。拱肩直腿双翻马蹄，腿足下方又有横枨相连。整体华美端庄，颇具气度。

田家青、王亚雄制工艺小品

这是几件颇有意趣的现代工艺小品。木质裁刀、“痒痒挠”受赠于田家青先生，他是著名的收藏家、古典家具专家；笔掭、笔筒、臂搁等，则是中国艺术研究院的王亚雄先生送我的，他也是著名的工艺美术家。

我认识家青已有近二十年，但与他的渊源又不止于此。早在上世纪70年代末，他那时住在海淀的石油学院大院，当时我的岳母受聘于石油学院办的英语班做教师，家青就是我岳母的学生。他在那时就表现出极强的求知欲，课堂上听不明白的，就到我岳母家里去请教。虽然我那时没有在家里见过他，但是他的勤奋好学给我岳母留下了深刻的印象。后来，家青对古典家具产生了浓厚的兴趣，潜心于此数十年，在80年代初即师从王世襄先生，是畅老唯一的入室弟子。我在和畅老的接触中，多次听到畅老对家青的嘉许，甚至将家青视为他得力的助手。得益于畅老的栽培，也凭借着超出常人的勤奋好学，家青不仅精于古典家具修复，也能自己动手设计制作明清风格的家具，他在这方面的聪明才智，是很少有人能匹及的。

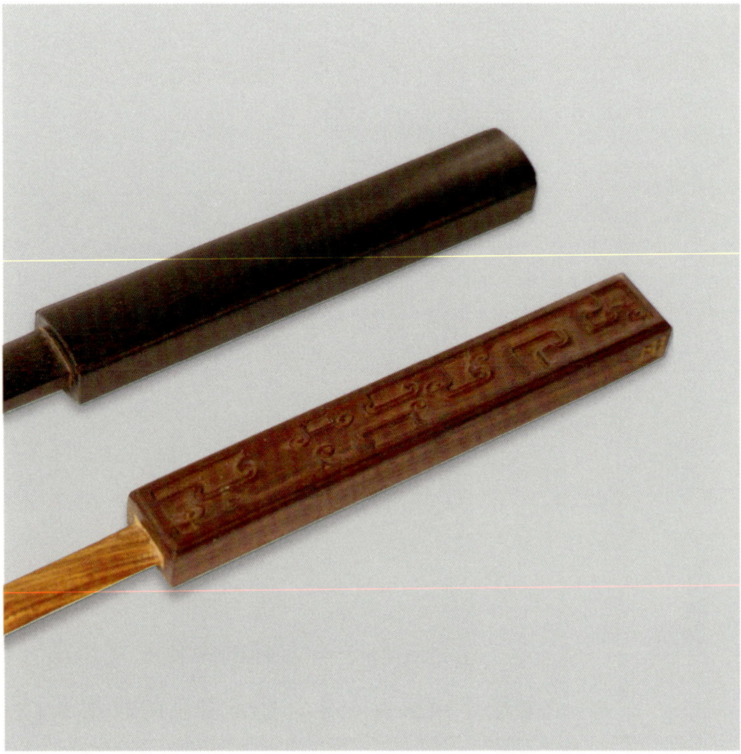

亚雄是黄苗子先生的高足，我与他认识也有二十多年了。他从小跟他父亲学习书法和木工，后来又在日本学习了七年，出国前即拜于苗子先生门下，是一位很有才华的工艺美术家。他对金工、木器、髹漆、镌石、竹刻、书装是无所不能的，一则善于发现材料，一片残瓦、一段朽木、一角古瓷、一节竹根，都可为他所用，得自然之趣；二则又善于“琢磨”，随形就势，加以漆艺或刻字，常能做出有独特韵味的作品。亚雄的艺术旨趣，应是指向一种文人理想的生活状态。他曾送我一方瓦砚，用的是汉瓦残片，随形裁磨，又将我写的“彀外小池”四字刻在砚边，整体风格既拙又雅，很能体现亚雄的艺术追求。

家青、亚雄二位老友，都是审美品位很高，又动手能力极强的，甚而连性格也有相似之处，都是个性极强，自信、率性，活得很真实。这几件艺术小品，都能一定程度体现他们二人的艺术造诣与风格，也注入了他们与我个人的交谊，所以我也是很珍视的。

辑三

东里润色砚

这方“东里润色”圭形石砚，本是清中期著名金石学家张廷济旧物。

张廷济（1768—1848），字顺安，号叔未，浙江嘉兴人。家有清仪阁，自商周至近代，凡金石书画刻削髹饰之属无不搜集，又精于鉴定。工诗善书，活跃于艺林，与同时代的金石书画名家有密切往来。嘉庆丁卯年（1807），张廷济得到几块河南新郑子产庙的唐碑残石。这件圭形石砚，就是由这唐碑残石中的一块，随形琢磨而成。

東里潤色

砚有木匣，匣盖上刻有“东里润色”四字八分书，出自清代另一位著名金石学家翁方纲手迹。

翁方纲（1733—1818），字正三，一字忠叙，号覃溪、苏斋、彝斋等，北京人。长于金石考证，在《张迁碑》等汉碑拓本的鉴定方面用力颇深。早在乾隆己亥年（1779），翁方纲在江宁主持科考，发榜后，汪中携带一本《张迁碑》旧本来见，翁方纲以此旧本“东里润色”四字犹存实属罕见，于是亲手钩摹四字存入行箧。

距翁方纲摹此“东里润色”四字三十年后，嘉庆庚午年（1810），张廷济持上述唐碑残石所制佳砚，请翁方纲题铭，翁遂复临“东里润色”四字以赠，并附言：“叔未得唐子产庙碑残石，琢为砚，因以昔年所摹张迁碑四字弁之，亦君家典故也。

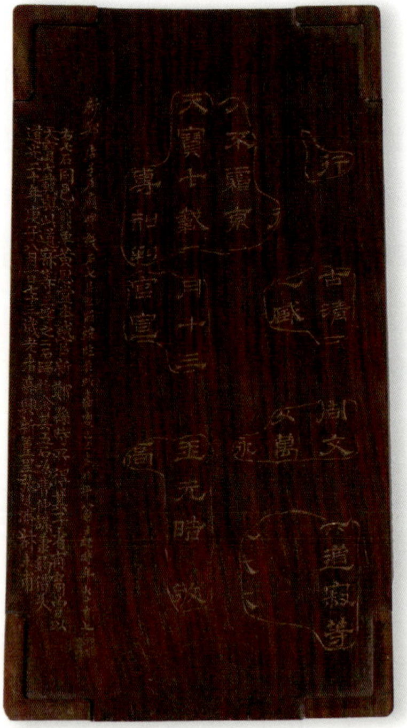

方纲。”原来，子产是春秋时郑国大夫，居于新郑东里，唐时在新郑建庙立碑，张廷济所得残石即出自此碑。而《论语·宪问》又有“东里子产润色之”之语。翁方纲以“东里润色”四字为此砚题铭，真可谓神来之笔，无怪乎张廷济有所谓“天成妙义”之叹。

张廷济对此砚也是宝爱有加，自撰残石来源始末，刻于砚匣底面；又刻翁方纲缩临之七片唐碑残石文字。在砚体的两侧，还有边铭“一片石，千余年；没字碑，谁宝旃”，出自大书家梁同书之手。梁同书（1723—1815），字元颖，号山舟，晚号不瓮，浙江杭州人，博学善文，尤工于书，与翁方纲、刘墉、王文治并称“翁刘梁王”四大家。

一方石砚，经三位鉴藏名家和大文人之手，自是趣味盎然，可称砚中逸品。

四明万经铭抄手砚

这方抄手砚，砚体厚重，面有宽边，边线平直，后无堵，顶端砚额略有弧形鼓起，居中并有石眼一大一小；砚堂平展，前端开一字形砚池，池内尚有宿墨；两侧墙足高立，应属抄手砚中的“太史砚”，气质端庄沉稳。左侧刻有铭文：“康熙癸巳二月廿五日。四明万经。”铭印“九沙居士”。

四明，即四明山，位于浙江宁波，也是宁波的别称。万经（1659—1741），字授一，号九沙，是清代著名的学者、书法家。万氏家族是甬上的名门望族，一家三代都是浙东学派的主将。万经的祖父万泰，字履安，与黄宗羲等从学于明末思想家刘宗周。万泰生有八子，人称“万氏八龙”，其中比较有名的，有万斯选、万斯同、万斯大。万斯大，即是万经的父亲，是清初著名的经学家。明朝灭亡后，万斯大不愿侍奉清廷，所以一辈子没有出来做官。万经从小受家学濡染，博通经史；他是康熙四十二年（1703）进士，官至翰林院编修，参与编纂《康熙字典》。

万经不仅学问好，人品也很受称道。全望祖在《九沙万公神道碑铭》中说他为人“春荣大雅，不激不随”。全望祖之外，

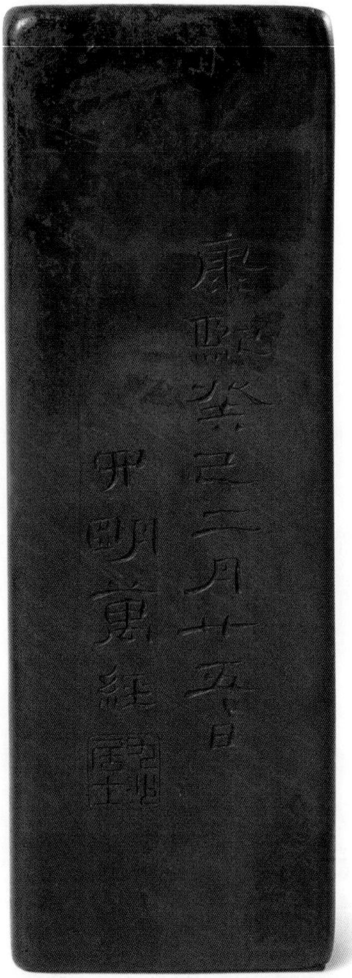

万经与同时代的邵廷采、方苞、华嵒、宋荦、孔尚任等都有交谊。这里面有个故事：方苞，我们知道他是清代桐城派的创始人；在他四十多岁的时候，受南山案文字狱牵连，被捕入狱，一时廷臣莫敢出保。后来是万经为他投状西曹，仗义执言。方苞获释后，对万经是终身感念的。

万经也是有清一代的隶书大家。他的隶书取法汉碑，尤醉心于《曹全碑》。杭世骏《词科掌录》中记载“经晚岁精研隶书，时人珍若拱璧”。我们回过来看万经的这方砚，侧铭中的“康熙癸巳”，即1713年，其时万经已经五十五岁。一般认为五十岁以后是万经隶书创作的成熟期。仅从此砚短短两行铭文，也可一瞥其书法之沉着精神，可以说，铭文与整方砚台浑然一气。

几十年前，启功先生在我家也看过这方砚，认为应该就是四明万经自用之砚。此砚还有一副原装的红木天地盖，风格也是古朴简练。

石函澄泥砚

澄泥砚，与端砚、歙砚、洮砚并称我国“四大名砚”。

所谓澄泥，即是将泥澄细，压坚实，再入窑烧炼，做成砚台。澄泥砚虽无特殊名窑生产，但对泥质却有极高的要求。山西境内的绛州、河南境内的虢州、山东境内的青州，都以制作澄泥砚名噪一时，也正是因为这些地方具有取得优质澄泥原料之便利。澄泥砚的颜色以鳝鱼黄为上品，绿头青为中品，玫瑰紫为下品，鳝鱼黄澄泥砚若有斑点者，谓之砂，称最上品。

这件澄泥砚，为石函式，略呈梯形，直壁，中剖为二，边缘四周并不齐直，但可严丝合缝。砚堂宽平，墨池则斜凹而窄。盖面刻有“石函”两个篆字。左侧壁有三行篆铭，中间一行恰刻于上下函的合缝线上。铭文为：“发我玄光，助我灵笔，传百卜世，寿永月日。宧光。”钤印“凡夫”，并有引首章“卍云”。砚背模印凹槽如“井”字，底中央有一圆窝穴。

赵宧光(1559—1625)，字凡夫，一字水臣，号广平，江苏太仓人。他是宋太宗赵炅第八子赵元俨之后，隐居寒山，布衣终老。精通文字学，工书，在篆书中掺入草书笔意，开“草篆”之先河；志趣不凡，而有“高士”之称。《西清砚谱》中列有与此砚相似的赵宧光铭石函澄泥砚多方。

此件澄泥砚是否为凡夫故物我不敢断定，但确实在我家百年有余了，砚中朱砂宿墨亦为先祖叔彦公批阅时所用。

青蛙

番禺何氏青蛙砚

我不懂砚台，甚至对砚的种类辨识也属外行。过去父亲一直使用的是伪托阮元“问经馆”的一方石砚，不算好，但也应属晚清旧物，砚盒颇古朴，我一直沿用至今。

这方“青蛙砚”，倒是一直收在父亲书桌的抽屉内，似乎没有使用过。我一直误以为是端砚，后经行家鉴定，并非端砚，但系老坑之石，石眼碧绿清晰。许多行家看过，都道是精品。

这方砚的年头并不是很长，应是清晚期之物。唯其石质上佳，细腻清润，叩之有声，且极易发墨。二则石眼俏色巧妙，随形就色，琢为青蛙浮萍，趣味盎然。砚盒上便刻“青蛙”二字，石青糁之，下有“番禺何氏如舟阁珍藏”印，令人不由得联想到大名鼎鼎的番禺“何氏三砚”。据说当年两广总督张之洞顾问何氏在主持开发大西洞时，挑选了三块上等石料，请名匠制成猴王砚、松鹤砚、过面冻砚三方名砚；而曾拥有这三大名砚的“何氏闲叟”究竟是谁，也是众说纷纭，莫衷一是。至于番禺的“如舟阁”，更没有查到更多的资料。

澄泥臂搁

这件澄泥臂搁，在我家很多年了，但谁也舍不得用，而仅作为文玩观赏，因为它实在太精美。

臂搁也称为臂隔、臂阁或秘阁，是书写时枕臂之物。它的功用，一是用来支撑臂腕而不致为桌面所掣肘，一是在炎夏之际不使出汗的手臂与纸张粘连。据明代屠隆《考槃余事》的说法，臂搁是从日本传入中国的。它的形式初如圭状，后来发展为长方形，长可尺许，宽在二三寸之间，宽度之间微微隆起，正好做枕臂之用。最珍贵的为长形古玉制，一般多为漆器、紫檀、乌木、象牙、竹等，上面或擦漆描金，或用平刻，山水花鸟皆备。

这件臂搁，却是少见的澄泥制品。以汾水澄泥制作，刻出竹节枝叶并花鸟之状，刻工劲健爽利。由于年代久远，包浆极好，古拙圆润，令人爱不释手。此物曾为“西泠八家”之首丁敬所得，并在背面篆刻了铭文：“汾水之泥，弃粗澄细，陶炼精英，尤有画意。宋时吕拙以汾水泥制陶器，色黄而坚，填刻吕字，至为难得。此品黄润坚致，面刻吕字，或即其遗制也。”

汾水之泥棄
粗澄細匀煉
精英尤肯盡
意

丁敬（1695—1765），字敬身，号钝丁，浙江杭州人。早年家境穷困，与布衣金农为邻居；平生嗜好金石碑版，富于收藏。其人才力超群，终成篆刻“浙派”宗师，名冠“西泠八家”之首。从这件澄泥臂搁的铭文镌刻，亦能体会丁敬独特的“碎刀切刻之法”。他在铭文中提到的“吕拙”，即为宋代文献中多有记载的山西泽州吕道人。吕道人所制澄泥砚，有“吕砚”之专称。米芾《砚史·吕砚》中记载：“泽州有吕道人陶砚，以别色泥于其首，纯作吕字，内外透，后人效之，有缝，不透。”我家这件澄泥臂搁的正面，也有一个“吕”字标识。细端详，这一logo设计，真可说是既古典又现代。好的设计确实是可以跨越时空的。

如此精致的一件文玩，实用性就降低了，变成了一件装饰品，一件雅玩。于是不知从哪位藏家开始，给它配了一个紫檀木的底托儿。这样精工细作的小器作，清代以后也不大能觅到了。

象牙剔黄鞘裁刀

大概五六年前，方继孝先生上我这儿来，他这些年专注于陈梦家研究，藏有大量陈梦家先生的信函。他跟我说，这批信函里面，有大概七八封，是我母亲写给陈梦家的。信的具体内容，他说已记不大清了，但是有两件事情，给他留有很深的印象。

一件是我母亲帮陈梦家买烟的事。当时陈梦家在安阳殷墟工作，不常回北京。他爱抽烟，那时候香烟供应已经很紧张了，我母亲就去人民市场帮他排队买烟，排一次队买两盒牡丹烟，给他攒着。

还有一件事，方先生说我母亲在好几封信中都在描述一把裁纸刀，想买，又拿不定主意，反复地跟陈梦家咨询、商量这个事儿。具体是什么样的裁刀，他也说不清楚。我说你不用说了，我给你看看实物。就拿给他这把象牙剔黄鞘裁刀。

那时候我母亲爱逛东四一带的古玩铺，有一回就看到这把裁刀了，大概要价四五十块，在当时来说是很高的价格了。她有点拿不准，去看了好几次。陈梦家先生是这方面的行家，我母亲就给他写信咨询。陈梦家经由我母亲的文字描述，认为这件东西不错，值得买。后来我也请人看过，确认是宫里的东西，应该是乾隆时期清宫造办处的出品。

裁刀，也叫裁纸刀，属于文房小品。中国书写绘画的纸张大多是比较轻柔的宣纸，因此裁刀的质地也以牙、角为之，尤其是拆读信函，常用此类牙角刀具开启，既轻便又安全，更具工艺观赏性。这把裁刀即为象牙制，刀体细薄。刀鞘和刀柄为竹制，长扁体，它是整竹镂出，而不是拼合的。鞘、柄表面以剔黄工艺刻缠枝莲纹，疏密有致；两端又嵌以象牙装饰。鞘口及连缀的挂环都是镀金錾活。另有一小支象牙制剔签，可从鞘壁平滑地嵌入或取出。工艺上真是精巧到了极致。裁刀在民间也是多见，但像这样的材质与形制，却是十分罕见的。

陈梦家先生当年单凭我母亲几句文字描述，就判断这是一件精品，也足见其在文物方面的见识。他与我父亲很谈得来，1955年我家搬到东四二条，1956年陈梦家得了一笔不小的稿费，买下钱粮胡同东口路南的一所小房，离我家很近，两家走动就多了起来。赵萝蕤偶尔也到我家来，她主要是找我母亲，因为都从事翻译工作，两人的关系很好。

1959年夏天，赵萝蕤与我母亲一起去北戴河住了两三周避暑，那段时间陈梦家几乎天天来我家。一般是晚上七点之后过来，大概坐到十点多钟走，跟我也说话，看我画画，给我讲故事什么的。他曾经告诉我："画画，人的比例要'站七坐五盘三'。怎么讲？人站着的时候，身体是七个头颅那么高，坐着是五个头颅那么高，盘腿则是三个头颅那么高。"我听得很服气。还记得有次家里停电，陈梦家教我"高灯下亮"的知识，蜡

烛要摆在高的地方。他有时候也带我出去玩耍，吃小馆，看戏。陈梦家很懂戏，尤其喜欢地方戏，我看川剧和豫剧就是受他的影响。

田菊畦制紫檀方尺

这是我祖父留下的一对紫檀方尺。所谓方尺，是既可作尺子用，也可当镇纸用的。表面为翎毛花卉题材，嵌金银丝工艺。梅花花瓣、竹叶和小鸟等用金丝作勾勒，映衬银色枝条、草叶等，文雅可鉴。左右两方又分刻“辛酉春日”“田菊畦作”四字。这里的“辛酉”，就是慈禧太后“辛酉政变”的1861年。

田菊畦，名昞叡，菊畦应是他的字，山东潍县人。他还有一个哥哥，叫田皎叡，字晓山，兄弟两人都精通嵌金银丝工艺。清光绪十六年（1890），田晓山和田菊畦兄弟在济南后宰门街附近创立“雅鉴斋”，专门经营嵌金银丝工艺品，精于翎毛花卉、山水人物等图案题材，订货者一时应接不暇。

嵌金银丝工艺的源头可追溯至春秋战国时期的“金银错”，自清代康熙时起，山东潍县的一些手工艺人将金银错工艺移植到红木上，以金银丝嵌入红木，继以擦漆推光。所嵌金银丝极为精细，特别适合镇纸、墨盒、笔筒等文房器物。

这对小方尺谈不上多么珍贵，但可代表清代末叶掐丝工艺的水平，因此聊备一格吧。

四方印章

这四方印章，从左至右，分别为寿山将军洞白芙蓉石印章、昌化老坑鸡血石印章、寿山善伯洞石石榴纽印章、寿山田黄石方章。从年代来说，田黄石方章是清中期的，其余三件应属清晚期。

在书画作品上钤盖印章，起于唐宋，而兴盛于元代之后。印章作为一种艺术品，其鉴赏大抵可以分为两个部分，一是印章本身，一是印文篆刻。这里我们主要说说印章本身。以石料为印，元代以后最为流行。这种石印章多取材于叶蜡石，以青田石、昌化石、寿山石三大类最为人所珍视。

青田石产于浙江省青田县，故名。石色丰富，但以青色居多，是石印的常用材料。其中以“白果冻”、“兰花冻”和“松皮冻”较为名贵，色青质莹，是制印的上品。

昌化石产于浙江省昌化县，故名。有红、黄、褐色，而以灰白色居多，也是常用的制印材料。其中质略透明，如熟藕粉的称为“昌化冻”或“藕粉冻”。上有鲜红斑块像鸡血凝结的称为“鸡血石”，少杂质、多红斑而质地纯净者为上品。

寿山石的品种最多，因产于福建闽侯的寿山，故名。寿山石有“田坑”、“水坑”和“山坑”之分，以质地而论，田坑为第一，水坑次之，山坑又次之。田坑中的冻石经过溪水、雨水的长期流侵冲淌，石质细洁晶亮，内里并有橘瓤丝或萝卜丝纹状的絮状物，细腻润滑，其中色白者为田白，色黄者为田黄，而黄白相间者为金银田，此三者出产甚少。其中极品为田黄石，从古至今一直身价昂贵，有寸石寸金之说。因其稀缺性和质地色泽的魅力，田黄自古以来便是珍贵的玩赏之物，甚至超过其他珍宝。通常的印章多为方形或长方形，大多是从不规则的石材上截取磨砺而成，但田黄石自田坑中出土时，大多为不规则的椭圆形，人惜其珍，不忍取其方正，若原生饱满、宽厚则最佳，若原生即是短小单薄的石材，为了凑重量，一般不作打磨。

这里的四方印章，好像并非先祖所藏，而是我母亲的故物。除了田黄那方未经后来刊刻，其余三方都是我父母两人的名章和字章，当是磨去了原石字迹后重刻的。

从印章的品质来说，这四方都可称是印石中的上品。放置印章的锦盒也是早年的旧物，仿线装书的样式，也是用心之作。

辑四

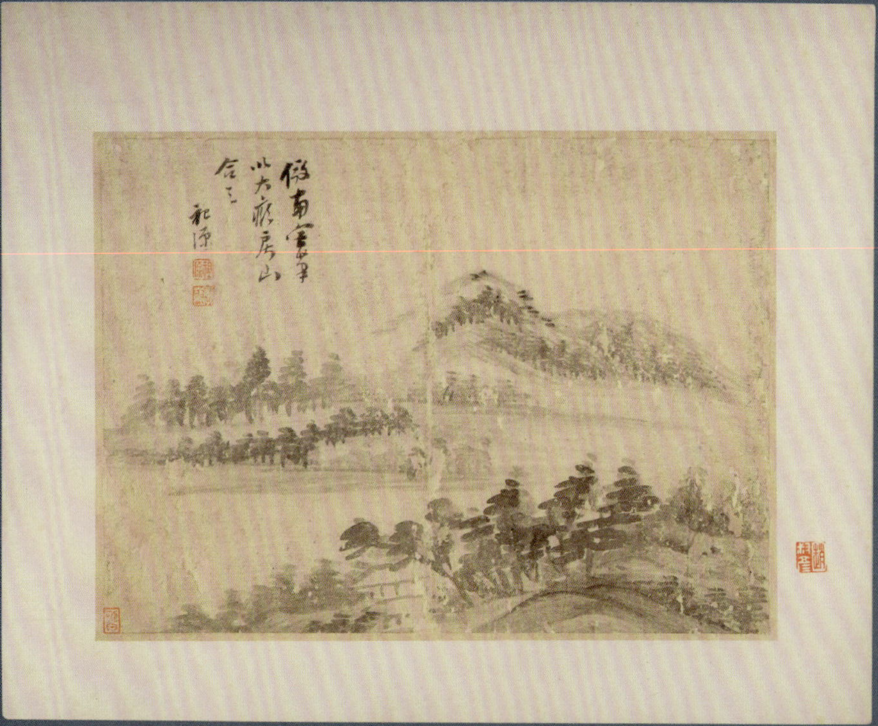

董祖源山水册页

这本山水册页，是明代董其昌幼子董祖源留存后世的孤品。纸本旧裱，比较残破，是非常沧桑的一件东西了。

我祖父很推崇这件东西，专门为它写过一篇题跋。题跋的原件已经没有了，但留有珂罗版的照片。他在题跋中说，“从来书画名家，父子继美者，晋有羲献，唐有大小欧阳，宋之海岳敷文，元之子昂仲穆”；董其昌作为一代书画宗师，他的儿子董祖源“工力渊源，几造元人堂奥”，却在画史上几乎了无痕迹，是非常可惜的；“幸此吉光片羽犹在人间，俾余一见诧为奇品奇事，是亦显晦有时，非偶然也”。祖父在每一帧画的旁边都盖了他的鉴藏印，足可见他对这本册页的喜爱。

董祖源的作品，为什么几乎没有传世呢？我们先说董其昌。董其昌是明朝晚期的文坛领袖，官至南京礼部尚书，国子监祭酒，世称“董宗伯”。在书画方面，董其昌是了不得的人物，以他为核心的“画中九友”，应该说是中国绘画史上一个非常重要的流派。自元代以来，文人画一直是中国绘画的主流，但是到了明代中叶，文人画的商品化倾向已十分明显。“画中九友”虽然成分比较复杂，人品、画品也各异，但在风格上却都是注重“士气”的，讲究笔墨的运用，在意而不写真。以董其昌为盟主的明末松江派，可以说是吴门派趋于末流后南宗的重新起步。董其昌将五代董源推崇至山水画南宗的宗师地位，他本人也是师法于董源、巨然、黄公望等。由此脉络而言，从董祖源这本山水册页可以见出，祖源在书画方面是秉承父志的，他对笔墨的运用和气韵的抒发，确实是直追元人。册页中有两帧是仿董源的作品，皴擦点染互施，枯中有润，于不着力之中尽显古人笔意。

董其昌家住华亭（今上海松江）。他在书画界被推崇为大佬，但是人品确实是有些问题的，在乡里比较霸道。明末发生了一次“华亭民变”，《民抄董宦事实》一书对当日民变的经过有翔实的记录。董其昌与其子祖和、祖常、祖源同居乡里，除祖和一宅因“平日稍知敛戢，民怨未深”而“巍然独存”外，董其昌与祖常、祖源三宅“数百余间，画栋雕梁……尽付之一焰之中矣”。这场大火烧了好几天，董祖源的房子在三宅之中是最后被焚的，堂房二百余间，连带着无数书画收藏，一炬成灰。

董祖源作品未能较多传世的原因，除了“华亭民变”，一部分被毁之外，还有一个重要原因是他不以绘画作为谋生手段，阅古临摹只是为了消遣于笔墨之间。这本山水册页，作于民变之前，笔意恣纵潇洒，没有一点造作之气，也没有一点商业气，虽是小品之作，也足以见出他的功力。祖源字季苑，题款或书祖源，或书季苑，从题款的位置来看，很有可能是在画成若干年后补题的。册页的后面有许缨（巨川）的诗跋。许巨川与董

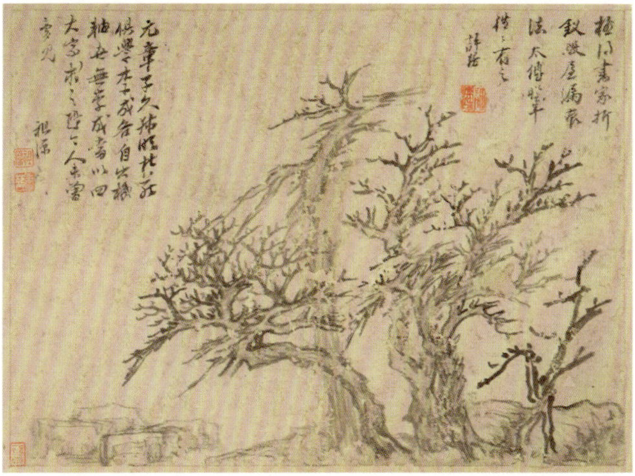

倣北苑筆意　香光
草木華滋
山川渾厚
此圖足以
當之　勝

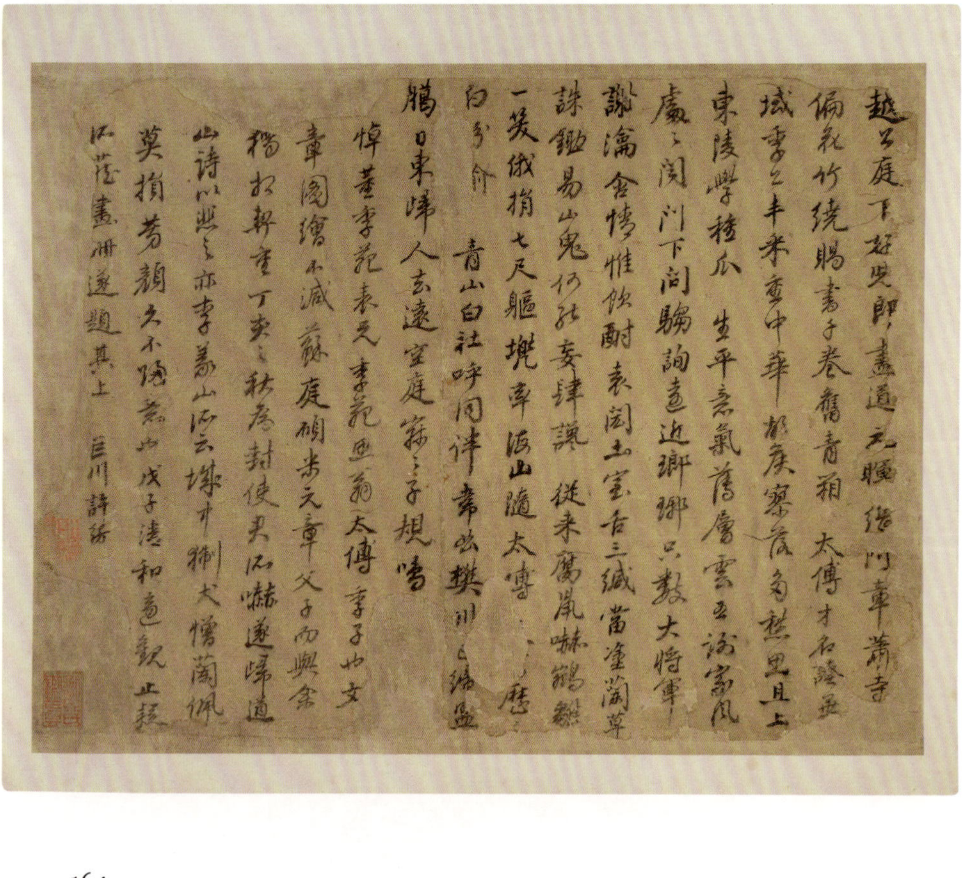

祖源是表兄弟，他对祖源的绘画才华极为推崇，认为祖源的才气更在苏庭硕、米元章之上。跋语中还写明了这些画是“民变之遗珠”，等于说是从垃圾堆里捡回来的。又说祖源卒于丁亥（1647），去世的时候恐怕也就三四十岁的样子。

董祖源在中国绘画史上未见一笔。我在《旧时风物》一书中曾经提到这本册页，受到书画业内一些朋友的重视。前几年上海博物馆举行了一次董其昌书画艺术大展，取名“丹青宝筏”。上博的颜晓军先生曾到我这里来，想借这本册页在“丹青宝筏”大展上展出，毕竟这是董祖源唯一传世的作品。当时我也答应了借展，但是后来由于种种原因未得展出。所以这件东西还没有真正面世过。

这本册页，不一定有多高的经济价值，但是对于研究董其昌的技法、董其昌的传承来说，却是一件非常重要的资料。我祖父当年十分珍视它，也说明了他是一位很有“士大夫气”的收藏家，他重视的不是一件东西的经济价值或一时的风尚，他更看重的是笔墨，是中国文人画的内在气韵。这些，大抵与市场的趣味与功利无关。

寒山蒼翠
北苑小幀見
玲瓏山館藏
本 王宸

王宸山水册页

此册页十二开，前有俞樾（曲园）“接武南宗”引首，后有缪骐（筠心）题跋。推篷装。护板为金丝楠木制。

王宸（1720—1797），字子凝，号蓬心，一作蓬薪，又号蓬樵，晚署老蓬仙、潇湘翁、柳东居士等，江苏太仓人。王时敏六世孙，王原祁曾孙。工山水，为娄东派后期代表画家，列为清中叶“小四王”之首。“小四王”中的王宸、王愫、王昱、王玖，除王玖是常熟人外，其余三人均为江苏太仓籍。“小四王”与“四王”（王时敏、王鉴、王翚、王原祁）多有血缘关系，也承继了“四王”的风格。从明末清初到康熙雍正时期，“四王”承上启下，这在中国山水画的发展史上，是一个非常重要的时期。但过去对他们多持否定态度，认为他们复古、拟古，功力虽有，但一味继承传统，鲜有创新，过于文人气。近些年才又渐渐回潮，认为他们的作品才是中国山水画的正宗。

这本册页的珍贵之处，一是有曲园俞樾的引首，开宗明义“接武南宗”四个大字，强调了这本册子的艺术价值，认为它接续了南宗的风格。南宗、北宗原是指佛教宗派，南宗强调顿悟，

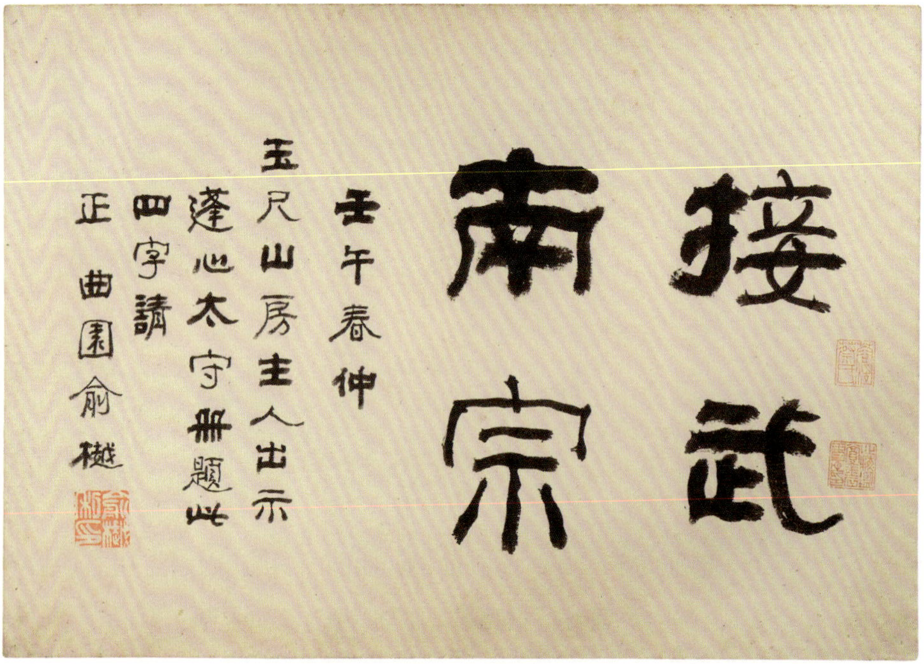
接武
南宗
壬午春仲
五尺山房主人出示
蓬心太守册题此
四字請
正 曲園俞樾

北宗重视渐修。画派上的南宗、北宗，是董其昌提出来的，他认为唐和五代的一些大画家，强调笔墨意境，如王维、董源、巨然，都是南宗；而北宗则注重写实技法，通常造型严谨，李思训为北宗画派之祖。其实，后来明清绘画的主流已经不是北宗而是南宗了，包括董其昌的松江派、沈士充的云间派等。所以这个引首，开宗明义地表明了这个册页是典型的南宗风格。

其二，这本册页中的十二幅作品，用的都是枯墨笔法，而不是渲染。过去的文人画，多皴擦而少渲染，但今日水墨画则相反，常常是多渲染而少皴擦。皴擦尤见功力，分多种笔法，如斧劈皴、云头皴、雨点皴、披麻皴、解索皴等。傅抱石、吴冠

攜琴訪友
石田翁小品
偶爾仿此

摹元人小品
王宸

萬枝尋詩

庚子九月下澣
松下清齋作
此冊十二幀為
青原先生寫
即請
教正 蓬心王宸

中的作品都是渲染，并批判中国画传统的“笔墨”意境，但实际上中国文人画的灵魂正在于皴擦所表达的“笔墨”。

这本册页很好地展现了中国文人画的皴擦技法，具有代表性，也可说是“小四王”中的精品。

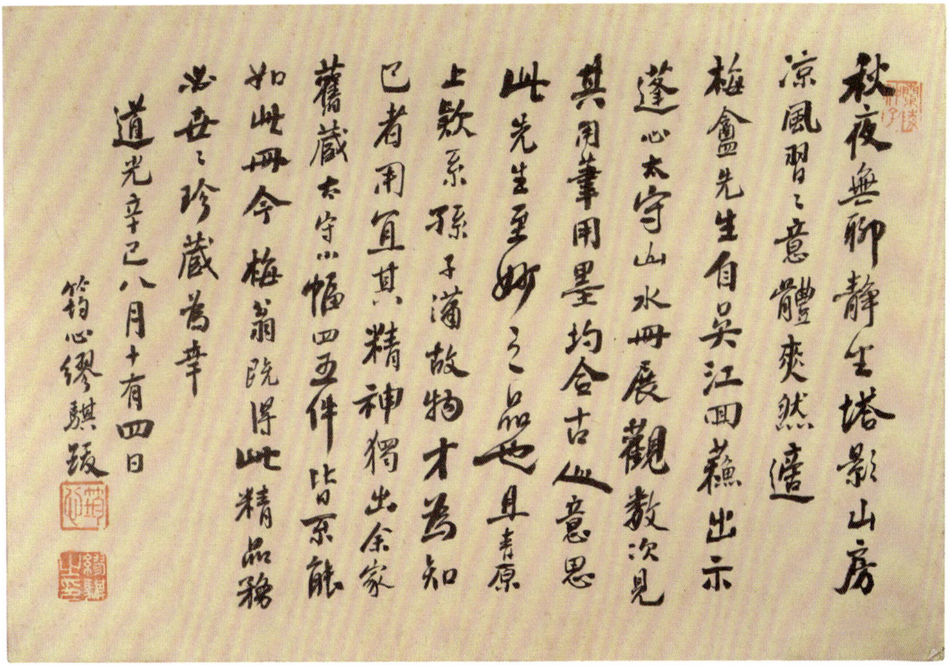
秋夜無聊靜坐塔影山房
涼風習習意體爽然適
梅盦先生自吳江函藴出示
蓬心太守山水冊展觀數次見
其用筆用墨均合古人意思
此先生至妙之品也 且青原
上款系孫子瀟故物 才為知
己者用宜其精神獨出余家
舊藏太守小幅四五件皆不能
如此冊今梅翁既得此精品務
必世世珍藏為幸
道光辛巳八月十有四日
筠心繆麒跋

明賢山水妙品
芝陔咸本遲弇題字

明贤山水手卷

这件手卷是傲徕山房藏品。傲徕山房主人，是我的曾叔祖赵尔萃。

曾祖一辈兄弟四人，赵尔萃（字小鲁）是四兄弟中最小的一个。他是光绪己丑科进士，曾任夏津县知县、直隶州知州等，在当地政声极好，后来辞官回到泰安故里，办了一些学堂，并亲自去讲课。他也是有名的收藏家，室名“傲徕山房”，因他当时就居住在泰山傲徕峰下。曾叔祖没有儿子，只生了一个女儿，后来远嫁到云南萧家。我的祖父与他这位小叔叔的关系非常好，他们常在一起品鉴书画雅玩，所以我家也留有一些傲徕山房的旧藏，这件山水手卷就是其中之一。

手卷有题签“明贤山水妙品 芝陔藏本 迟庵题字”。芝陔，即李在铣，名侯，字芝陔，号六亩道人，河北涿鹿人，卒于清宣统元年（1909），年八十余，曾为涿州知府。李芝陔是咸同间北京著名收藏家，与李佐贤、李恩庆、李初福并称“京城四李”。迟庵，即孙毓汶（1833—1899），字莱山，号迟盦，一作迟庵、半禅老人，山东济宁人，尚书孙瑞珍子。孙毓汶是清代私人收藏家，晚年尤着力于书画鉴藏，据说其鉴藏印就有七十七方。

“明贤山水妙品”六字，已能说明李芝陔与孙毓汶对这件手卷的评价。卷首并有“人境庐”“钱氏珍藏”“傲徕山房”鉴藏印。展读全卷，的确是布局大开大合，层次丰富又勾画得极为细致，格调是明净高雅的。遗憾的是，手卷上并没有留下画家的题款；经由卷末李芝陔、孙毓汶的两篇题跋，我们才知道此卷题款“从有到无”的戏剧性过程。

题跋一：“此卷原题款书水村图，署款云顺治九年三月念日画于慧庆寺之禅室，南云山樵文点。考是年南云甫二十岁，恐尚未能作此，且字殊庸劣不类，以念为廿尤俗。此款乃妄人伪为，画则甚工，可称能品，山树静细中颇精健，人物微妙传神，且布置甚远，不

似水村，原题亦未合是，殆明代善手学宋者所为，后必有款，得之者不知其人，将卷尾截去，补以南云之名，徒形其伪。爰削去款字重装以存本来面目。此画在明代尚未能指为何人，逸老中则顾瑟如符稹为近，亦未敢臆断也。玩其笔意精到，校之南云似有过之无不及者。光绪丁酉立秋后十日八十老人芝陔李在铣识。”钤印“李在铣印”“芝陔”“芝陔病中书”。

题跋二：“此卷芝陔先生购得后削去伪款，定为明人学宋，并嘱余审视。余细审通体笔墨气格胸大，胸次静远，其皴染勾勒精密中愈见舒秀，极似胥山樵加意之作。虽貌近文氏宗派而神韵之闲五峰休承似均有所逊，至伪题文点则点已不似，无论

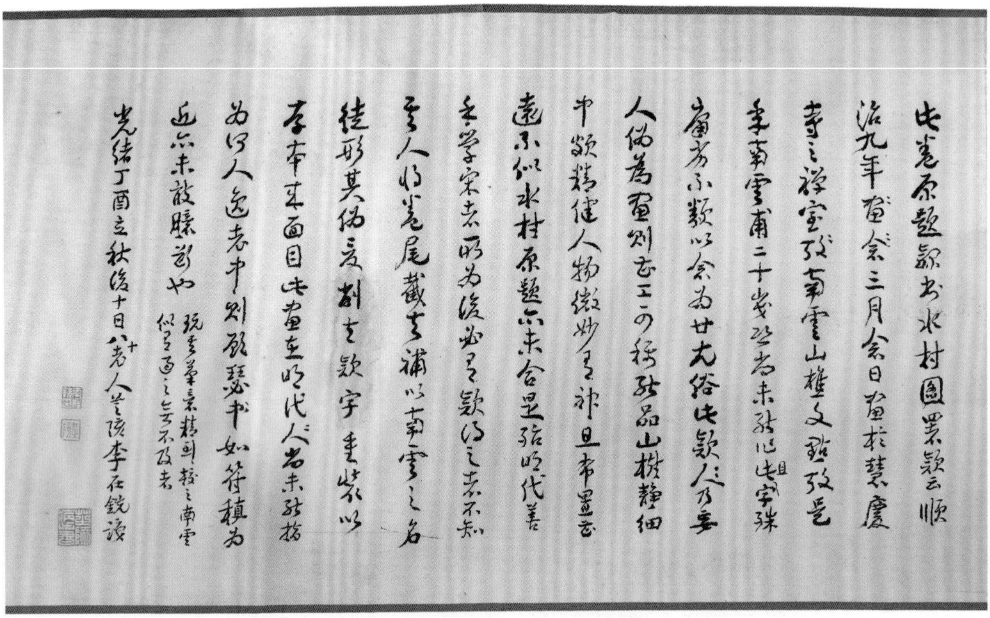
此卷原題綴於水村圖畢款云順
治九年畫余三月念日畫於慧慶
寺之禪室仿南雲山樵文致仿意
手南雲甫二十歲時尚未能以此字殊
屬荒不類以余為廿大將此款入之乃妄
人偽為畫則亦工之猶能品山樹靜細
中頗精健人物徽妙足補且畫亦
遠不似水村原題亦未合是殆明代善
手學宋者所為後必足款乃之者不知
[illegible]人將卷尾截去補以南雲之名
徒形其偽反削去款字重紫以
存本來面目此畫在明代人尚未能揣
為何人畫者中則殿瑟如符積為
近亦未敢臆斷也
玩其筆墨精到較之南雲似且過之無不及者
光緒丁酉立秋後十日八十老人竟陵李在銑識

此卷之陔先生購得後削去偽
款定為明人學宋並屬余審
眎余細案通幅筆墨氣格
雄大骨次靜遠其皴染鉤勒
精密中愈見疎秀極似[illegible]
山樵加意之作雖兒近文氏
宗派而神韻之閒五峯体承
似均有所遜至偽題文點則
點已不似無論其他還質之
老法眼以為何如
丁酉十月濟甯孫毓汶記

其他，还质之老法眼以为何如。丁酉十月济宁孙毓汶记。”钤印“迟庵眼福”。

原来，此卷原有文点（1633—1704，文征明之子文彭的玄孙）题款，李芝陔认为是伪款，竟将其削去！孙毓汶细审后认为是项圣谟之精品。

项圣谟（1597—1658），初字逸，后字孔彰，号易庵，因其曾在苏州太湖东岸的胥山隐居，故又号胥山樵。项圣谟出生于江南名门望族，其祖父为明代大收藏家、画家项元汴（字子京，号墨林山人），“所藏法书、名画极一时之盛”，历来为文坛崇尚的《天籁阁帖》即是出自项子京之手。项圣谟早年从学习文征明入手，受益于其家族富甲天下的历代名画收藏，使他很快跳脱出文氏画法局限，直接以古为师。在取法元人韵致的同时，他也注意吸收宋人用笔的周密严谨。董其昌曾在他的一本画册上题跋，赞其“众美毕臻，树石屋宇，皆与宋人血战，就中山水，又兼元人气韵，虽其天骨自合，要亦工力至深，所谓士气、作家俱备”。

细品此卷山水，画的是真好。虽有缺憾，但难掩其艺术价值。究竟是文点还是项圣谟的作品，因削去款识而无从辨别，但审订为出自明末名家之手，当是可以判断的。

李長蘅花卉山水卷

李流芳花卉山水卷

这件花卉山水卷，也是傲徕山房的旧藏。全卷由四段集成，前三段为山水，末一段为山石花卉。每段各钤有“李流芳印”一方。

李流芳（1575—1629），字长蘅，一字茂宰，号檀园、香海、古怀堂、慎娱居士等。祖籍徽州歙县，侨居嘉定（今上海嘉定）。他出生在一个诗书官宦世家，三十二岁中举人，此后却屡试不举，又逢晚明乱世，在约四十八岁的年纪上毅然回归田园。李流芳是一位修养全面的文人画家，诗、书、画、印均擅，又以绘画成就最高，享盛名于当世，为“画中九友”之一。其作品以山水画为主，兼写菊、兰、水仙等，迹寻元人写意一路，格调秀雅，境界恬淡而大气。

展看此卷，山水皆以平远构图，或平湖远岫，或林木山居、坡石曳草，随意点皴，笔墨洒脱；写菊探石，含蓄朴秀。整体而言，画得恣意，不雕琢。这几段小画都是只有印章而没有题款，想来应是李流芳随性自遣之作。他曾有言，“唯赖笔墨可以自遣，心手有托，形神暂调，意适而忘，与梦俱至”。此中有真意。

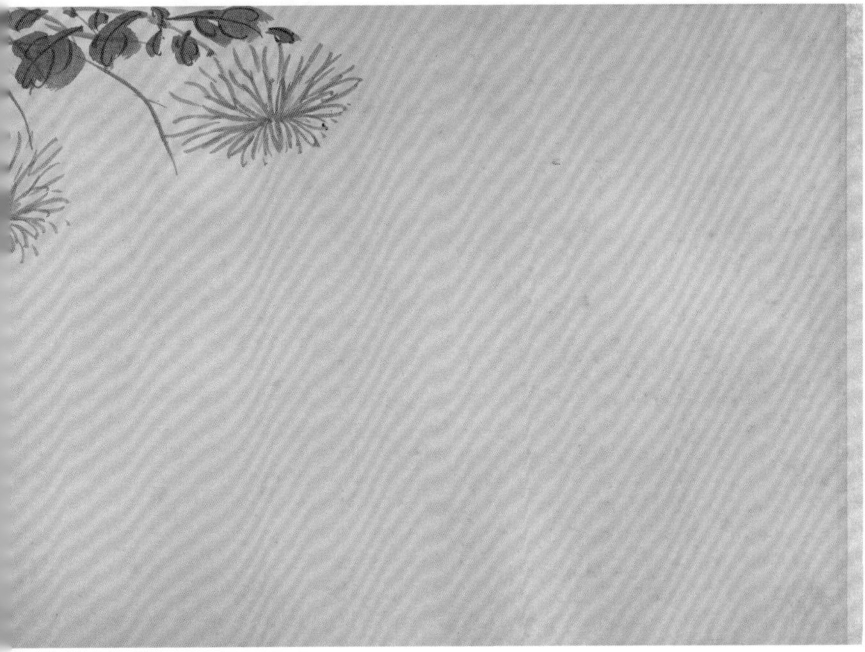

國朝名家集錦
山水十六方

清名贤集册

清名賢集册
人境廬故物今歸小鷗波主人
壬申初春識

这本册页，大概是清中叶的装裱，面上的宋锦一看就是老物件了；但瓷青的如意头函套，有可能是我祖父购藏后加装的。他在上面写了题签：“清名贤集册。人境庐故物，今归小鸥波主人，壬申初春识。”壬申，即 1932 年；人境庐故物，说明这件旧物曾由黄遵宪收藏。之前我曾提到，1929 年到 1937 年是我祖父收藏最丰的一段时期，他收景朴孙的东西比较多，至于黄遵宪的旧藏，我印象中只有一两件。

黄遵宪（1848—1905），字公度，别号人境庐主人，是近代重要的外交家、思想家、教育家，也是著名的诗人。他是广东梅县人，出生在一个由商入仕的官宦家庭，十几岁就名闻乡里，但在科举路上并不顺利，一直到他二十八岁时才终于考中了举人。其时，他的广东同乡何如璋被派任为使日大臣，聘黄遵宪

仿檀園居士筆意
董其昌

秋水纔添
四五尺野
航恰受兩
三人
東山寫

为参赞，从此黄遵宪就开始了他的外交官生涯。

1877年末至1882年初，他在日本生活了四年。当时正是日本明治维新初期，出于对本国命运的关切，黄遵宪对日本的政治、经济、教育等各方面都做了深入的考察与研究，后来撰写了《日本杂事诗》和《日本国志》两部名著。离开日本后，黄遵宪担任驻美国旧金山总领事，后来又随使英国，并转任驻新加坡总领事。在英国任上时，他对欧洲也有很多考察。在美国和新加坡任职期间，黄遵宪在维护华侨利益、改革华侨政策方面做了很多工作，因此那里的华侨对他都很感戴。甲午战争爆发后，黄遵宪从新加坡奉调回国，与康有为、梁启超等维新派人士交往很多。梁启超对他曾有如下评说："先生治事、文理、密察之才，以吾所见国人多矣，未有一能比也。"戊戌变法期间，他以湖南代理按察使的身份，辅佐湖南巡抚陈宝箴大力推行变革。变法失败，他被罢职归乡后，仍设法推进改革，并热心教育事业，筹办新学堂。还有一点不能不提的，就是黄遵宪的诗名卓著，他在继承古典诗歌传统的基础上，又有所创新，有《人境庐诗草》十一卷留世。黄遵宪卒于1905年，只活了五十八岁。

在文学、外交、思想等领域，对黄遵宪的研究都是比较多的，但是，有关他的书画收藏，则鲜有人提及。这件集册，可以算是一个旁证吧。里面收入了董东山、张南华、复显、管希宁、沈松阜、张玉山、陈古衡、毕花畕这八位清代早中期画家的作品。这八个人的基本风格是一致的，都属于文人画。

为首的董邦达（1699—1769），字孚存，号东山，浙江富阳人。雍正十一年（1733）进士，乾隆二年（1737）授编修，官至礼部尚书。在绘画方面，董邦达承继了董源、董其昌一脉的文人画风格，《清史稿》卷三百五《董邦达传》称其“工山水，苍逸古厚，论者谓三董相承，为画家正轨”。这本集册里收了他的两幅小品，观其笔墨，可称枯劲苍逸。

董东山之后，有五幅张鹏翀小品。张鹏翀（1688—1745），字天扉，号南华，嘉定人。与董东山一样，张南华的诗咏与绘

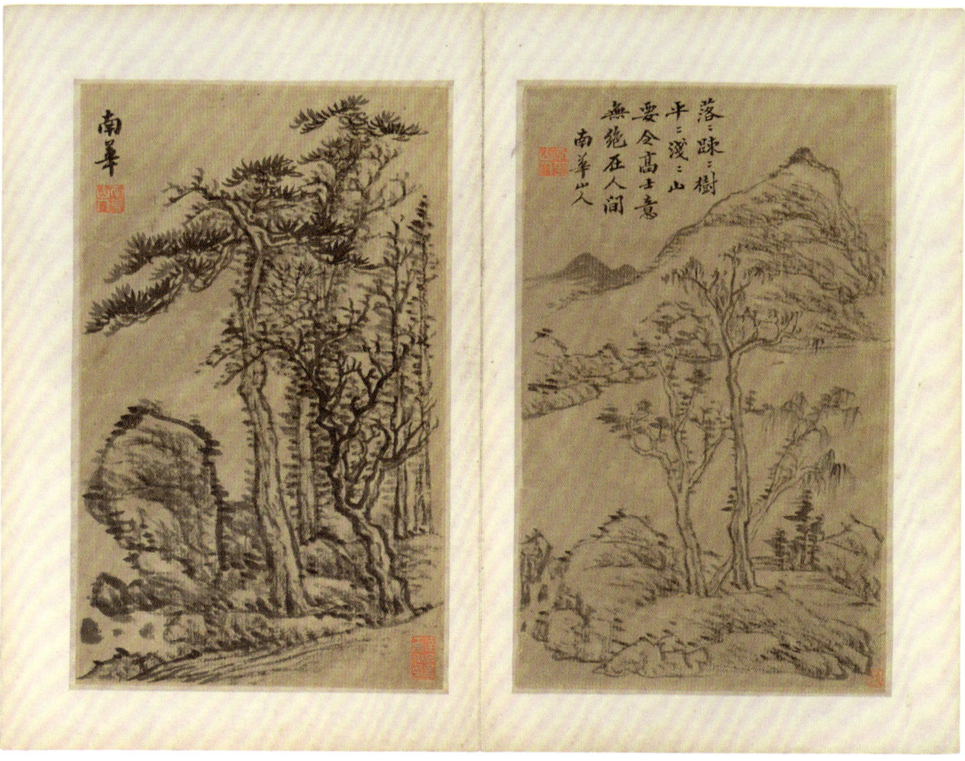
南華
南華山人

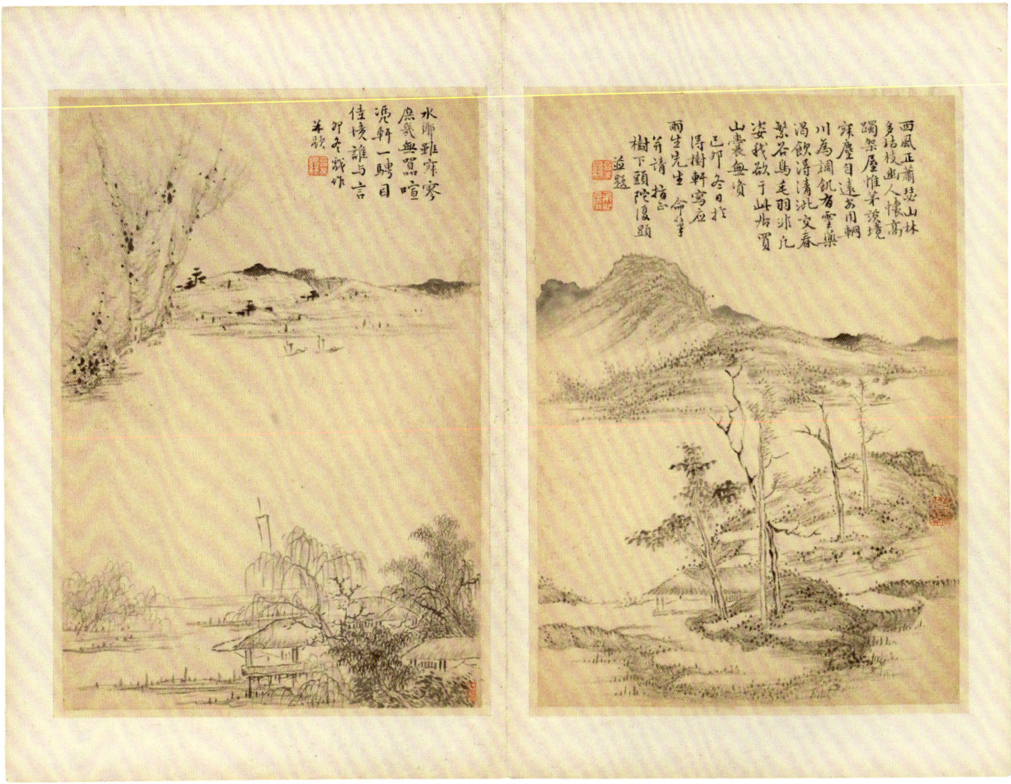

画也颇受乾隆帝欣赏。光绪《嘉定县志》中说他“少以诗名天下。比长，湛酣六籍，著述甚富。间以余力作山水，潇洒闲逸，全以韵胜。书法亦苍秀”。

该册所集之三，是复显的两幅山水小品。我个人很喜欢复显的作品，观其笔法有“四僧”之一弘仁的意趣。有的地方用一点小斧劈皴，颇见笔墨功力，风格也很清雅。但是有关复显的资料阙如，仅从题款可知，他自称“树下头陀”，书斋名似为

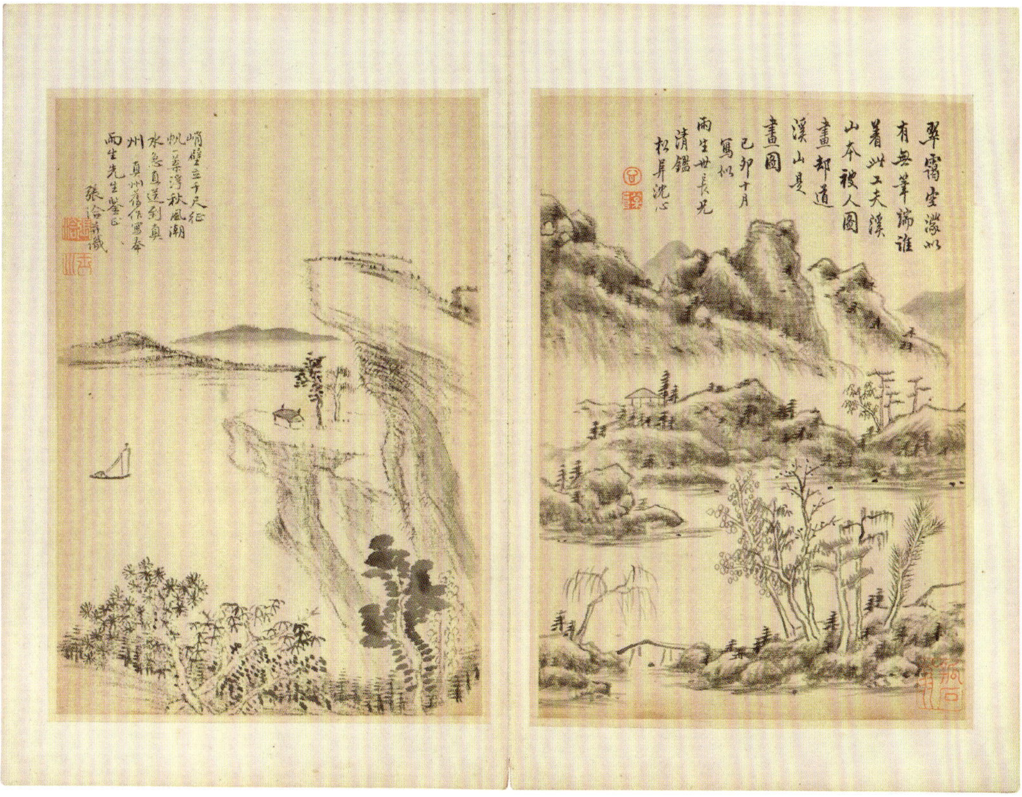

得树轩。“头陀”二字，出自梵语，原意为抖擞，借指僧人，后专指行脚乞食的僧人。

册页后部的管希宁、沈松阜、陈古衡等，都是清代小有名气的画家。统观集册中的七八位画家，其共同之处是，都为江南人士，都注重笔墨意韵，多皴擦而少渲染。黄遵宪作为一代维新名臣，而有此类文人画收藏，可见近代知识分子精神世界的丰富面向。当然，它也符合我祖父的好尚，册内钤印“襄平赵氏”，想来当年也是他品赏良多的收藏。

錦石傾欹玉樹荒雪兒無語亦斜陽百年花鳥春風夢不是錢塘是汴梁 石雪生題
癸未秋日為仲文社友仿文同筆意於是草樓 楊文驄

楊龍友枯木竹石逸品
壬申七月十二日 拙存藏

杨文骢《枯木竹石图》

这幅《枯木竹石图》，是晚明杨文骢的一幅花鸟精品。杨文骢（1596—1646），字龙友，贵州人，与董其昌、王时敏等合称“画中九友”。“画中九友”和以“画中九友”为中心的明末清初士林绘画，应该说是中国绘画史上一个非常重要的流派。其核心人物董其昌，始倡中国画南北宗之论，并以南宗为追求。董其昌以外，有王时敏、王鉴、李流芳、杨文骢、程嘉燧、卞文瑜、张学曾、邵弥；九人画品各异，但在笔墨、追求上有共同之处。我祖父精于书画鉴赏，最为推崇“画中九友”，所藏精品颇多，可惜抗战时期为生活所迫而变卖了大部。这幅《枯木竹石图》是他尤为珍爱的，一直没舍得卖，得以保留至今。

杨文骢算得是晚明抗清的一位大节孤忠志士，只可惜生逢乱世，入南明后不得已依附于马世英、阮大铖，遂为复社文人所轻。1646年，杨文骢与清军交战于蒲城，兵败、被捕，拒不投降而全家被杀。观其一生，可谓悲壮；可叹其身后，又因一部《桃花扇》而被误解与污名。孔尚任在《桃花扇》中把杨文骢描写成一个说媒拉纤的帮闲形象，《桃花扇》流布天下，杨文骢

楊龍友枯木竹石逸品
壬申七月十二日
拙存藏

就这样被以讹传讹，也是够倒霉的。

杨文骢的绘画存世不多，究其原因，第一，他不是职业画家，不以卖画为生，没必要画得很多；第二，朝代更迭，很多作品可能毁于战乱。杨文骢作品收藏，以南京博物院和上海博物馆为主，日本、英国等海外博物馆也藏有一些，总数估计不会超过八十幅。前些年贵州政协编过一本《杨文骢书画集》，收入其书画作品五十四幅，都是世界各地博物馆的藏品，私人藏品唯有我家《枯木竹石图》这一件。

从存世作品来看，杨文骢的山水比较多，花鸟很少。这幅画，是他花鸟画中的精品，画品高逸，直追元人笔意。枯木，竹石，一派萧疏；树上栖着一只鸟，细观鸟目，怆然远望，似有垂泪之感。木枯石涩，孤鸟独枝，说不尽的萧瑟忧愁。题识："癸未秋日为仲文社友仿文同笔意于芝草楼，杨文骢。"并有石雪生傍题："锦石倾欹玉树荒，雪儿无语恋斜阳。百年花鸟春风梦，不是钱塘是汴梁。"癸未，当是明思宗崇祯十六年（1643），次年甲申（1644），北京陷落，明亡。两年之后，杨文骢就死在了乱军之中。

杨文骢在绘画史上的地位并不显著，最为人注意者，或许是董其昌对他的一段评语："杨龙友生于贵筑，独破天荒，所作台宕等图，有宋人之骨力去其结，有元人之风韵去其佻，余讶以为出入巨然、惠崇之间，观止矣。"董宗伯的一个"讶"字，足可说明杨龙友的绘画功力。我家珍藏的这幅《枯木竹石图》，尺幅比较大，单是画芯的高度就超过一米九。清中叶的装裱，两个轴头是纯象牙的，品相非常好。

仿東坡筆意
寫十三經拙老人蔣衡畫

蒋衡《朱竹图》

在北京孔庙和国子监博物馆，有一部“十三经刻石”，也叫“乾隆石经”，是历代儒家经典碑刻中最为完整的一部。是次刻石的“十三经”底本，全部出自一人手书，共六十二万余字，皆为正楷小字，笔力雄健。此人便是蒋衡。

蒋衡（1672—1743），江苏金坛人，原名振生，字拙存，号湘帆，晚年又号江南拙叟、函潭老布衣、拙老人等。出身书香门第，少年便以书法闻名。常年奔走各地，饱览碑林石刻，有《拙存堂临古帖》二十八卷。在游历关中观古碑时，蒋衡发现唐代的“开成石经”出于众手杂书，且失之校核，于是他下决心要手书一部“十三经”。从雍正五年（1727）开始书写，至乾隆三年（1738）完成，历时十二年。

作为清代著名书法家，蒋衡传世的书法作品不少，绘画则难得一见。这幅《朱竹图》，尺幅不小，墨石朱竹，以书法之笔入画，十分耐看。题款“仿东坡笔意，写十三经拙老人蒋衡笔”，钤印“蒋衡私印”。

無量壽佛
道光壬辰秋九月次閑趙之琛寫

赵之琛《无量寿佛图》

赵之琛（1781—1852），字次闲，号献父，钱塘（今浙江杭州）人，以印名世，为“西泠八家”之一。在印史上，“西泠八家”有“四家”与“后四家”之说：丁敬、蒋仁、黄易、奚冈为“西泠四家”，主要活动于乾隆年间；“西泠后四家”则是指陈豫钟、陈鸿寿、赵之琛、钱松，主要活动时间在乾隆、嘉庆、道光年间。赵之琛治印师从陈豫钟，继取丁敬、黄易、奚冈、陈鸿寿各家之长，被誉为浙派集大成者。治印之外，书画亦为人

無量壽佛

称道：山水师黄公望、倪瓒，以萧疏幽淡为宗；花卉笔意潇洒，饶有华嵒神趣；间作草虫，随意点笔，体态毕肖，为写生能手。

赵之琛性情冲淡，晚年笃信佛教，常写佛像。这幅《无量寿佛》立轴，尺幅颇大，墨线勾勒菩提佛陀，线条圆劲流畅，设色清雅。佛陀面带微笑，慈眉善目而蓄须，此种形象似并不多见。画面整体气氛宁谧，视之颇为心静。有题识：“无量寿佛，道光壬辰秋九月次闲赵之琛写。”道光壬辰，即1832年，赵之琛时年五十二岁。

趙次閑無量壽佛
甲子九秋重装

《秋菘图》与《骑驴图》

《秋菘图》与《骑驴图》，是常挂在我床头的两幅小画。

《秋菘图》，印象中是我母亲上世纪50年代购于琉璃厂。我的母亲是一位翻译家。我出生之后，她因为身体不好，患有肺结核，一直是“小病大养”，所以我在五岁之前几乎没和母亲接触过。到我五岁的时候，1953年左右，她基本上病好了，就开始做一点翻译工作。她比较有影响的译著，一本是容闳的《西学东渐记》，一本是《女权辩护》(之前也叫《女权论》，前不久商务印书馆出版了一套“中国百种名家名译”，这本也收入其中)。50年代中，应科学院情报所所长袁翰青的邀请，母亲去了科学院情报所工作，翻译了一些有关原子能方面的资料。那时她每天只上半天班，所以比较轻松。在1953年到1960年那段时期，母亲在工作之余，非常喜欢逛古玩铺。当时除了琉璃厂，东四隆福寺、东四南大街一带，也都有好些古玩铺，离我家也不远，她经常下午有空的时候就去逛逛，从软片儿（书画、织绣之类）到硬片儿（瓷器、竹木牙角之类），她都有兴趣。除了科学院的工资，她还有一些翻译的稿费，她就拿着这些“外快”，买一点自己喜欢的小玩意儿。对于字画，她有自己的审美情趣，不求名家巨作，只买些小品观摩欣赏。

秋菘，即白菜。“同尝春韭秋菘味，共听朝猿夜鹤声”，是南宋陆游的名句。这幅《秋菘图》，是与陆游同籍山阴的清代童钰所绘。童钰（1721—1782），字璞岩、二如、二树，号借庵子，工诗书，善画兰竹梅花，名气虽不大，但是画作不俗。这幅淡墨写意立轴，画一棵尚未抱团的秋菘，姿态恬散，用笔潇洒，确实很有意趣。画上并有自题小诗：“晚来珠雨送新凉，几亩秋菘尺许长。莫向人前夸食肉，几曾忘却菜根香。”钤印“童钰之印”“白马山长”。

从我记事起，这幅《秋菘图》就时常挂在我的床头，挂了很多年。同时挂在我房间里的还有一帧小山邹一桂的扇页，可惜“文革”时留在了东四二条，不幸散失了。《秋菘图》幸得带到了翠微路，得以保存。后来床头换着挂的，还有一幅以李商隐“霜野物声干”诗意入画的《骑驴图》。经常早上一醒来，就看到那山路上、乔柯下，半隐半现的一位骑驴老叟，宽袍笠帽手执鞭，亦静亦动。老叟的面部，寥寥几笔勾点，却有极生动的表情，视线似远又近，耐人寻味。它的作者，是清代著名画家李世倬。

李世倬（1687—1770），字天章，一字汉章、天涛，号谷斋，又号菉园、星厓，奉天铁岭人，隶籍正蓝旗汉军，为著名画家高其佩的外甥。历官知州、副都御使、太常寺卿等职，故后世称之为李太常。工画，山水、人物、花卉俱臻其妙，被列为“画中十哲”之一。山水师法王原祁，上溯倪瓒；花鸟学蒋廷

锡，人物取法宋李公麟白描。幼学其舅指头画法，并曾为高其佩代笔指画。

李世倬一生仕途并不顺遂，自乾隆十八年（1753）便已休致，远离了以朝廷为核心的政治生活和艺术创作，但其在书画方面的造诣早为时人所推重。乾隆帝在《题李世倬疏林亭子》一诗中称其“契乎妙者倪云林，近来董李颇能工”，将董邦达与李世倬并称，也被当时的许多书画鉴赏者奉为圭臬，李太常一时盛名天下、洛阳纸贵，以至连永瑆也发出“平生嗜李不多得”的感慨。两百年后，溥心畬与张大千为李世倬《长松高士图》分别写了长篇边跋。溥文称“此幅冲淡高致，如读王摩诘、孟山人诗，有出尘遗者之想，所谓以少许胜人者也”，大千居士慨叹“李谷斋生平合作，世不多见者，其布局居然元人胜概，尤非同侪辈所能梦见也”，可谓推崇备至了。

李世倬義山詩意圖
小鷗波館藏

二十几年前，我曾和马宝山老先生谈到李世倬，马先生说，他多年以来就仰慕李世倬的画风，曾临摹过不少李的作品，虽不能至，心向往之。

明清扇页选萃

中国人对扇子有一种特殊的喜好，将其视为集多种艺术审美的工艺品。除了职业画家之外，文人士大夫也将题写、书画扇面视为一种以文会友、交际应酬的风尚，甚至广及僧道闺阁、商贾市井。一把名家绘画的扇面，可装裱成扇页，也可集数家扇页制成册页。纵观明清绘画史，扇面的比重不可忽视，虽然其创作空间受到一定局限，但凡工笔写意、皴擦点染无不展现其间，山水人物、花卉翎毛，无不传神其上，由此成为中国画的一种特殊形式。

这里所选的六幅扇页，都是我祖父和我母亲的旧日收藏。

明代文伯仁小写意青绿山水

文伯仁（1502—1575），字德承，号五峰，湖广衡山人，系籍长洲（今江苏苏州），文征明侄。文伯仁出身书香门第，继承吴门画派衣钵，以文人山水画见长。其山水画取法多样，在注重习古的同时又有创新，有其独特的笔墨气概。这幅小青绿山水画得极其精密，而层次有秩，皴擦点染皆有法度，可谓文伯仁的扇页精品。

明代陈继儒行草

陈继儒（1558—1639），字仲醇，号眉公，华亭（今上海松江）人，晚明名士。少负才名，长为诸生，与同郡董其昌齐名。一生未仕，纵情山水之间，游于艺苑文场，入《明史·隐逸传》。明代中期，吴门书派取代松江派成为书坛主流；入晚明，以董其昌、陈继儒为核心的松江书派又以其独特的书风主宰书坛。陈继儒是典型的文人，故其书写更讲究抒情性与自娱性。这幅行草书写恣纵飘逸，放达不拘，可谓陈眉公的书法精品。

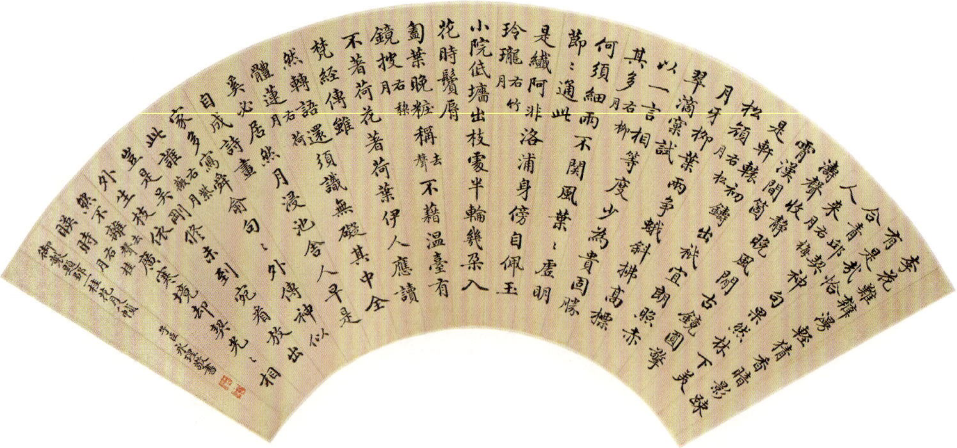

清代成亲王永瑆楷书

永瑆（1752—1823），清乾隆帝第十一子，乾隆五十四年（1789）受封为成亲王。自幼工书，潜心书画。英和《恩福堂笔记》记载："成哲亲王，自幼习赵（赵孟頫），妙得神理。年五十一，随扈滦阳，始改入率更（欧阳询）之门。"与翁方纲、刘墉、铁保并称清中期四大家。成亲王尤以小楷书为最精，从这幅扇页亦可见其功力。

清代黄鼎山水

黄鼎（1660—1730），江苏常熟人，字尊古，号闲圃，晚号净垢老人。善画山水，早年随同乡邱园学画，以摹古入手，推崇学习元人笔法。后师从王原祁，又私淑王翚。《清史稿》评述黄鼎：“学于王原祁，而私淑翚，得其意，临摹古人辄逼真，尤擅元王蒙法，遍游名山，号独往客，论者谓翚看尽古今名画，下笔具有渊源，鼎看尽九州山水，下笔具有生气。”可见其摹古而不泥古，取法自然，别有心得。此幅扇页也体现了黄鼎的艺术风格，具有代表性。

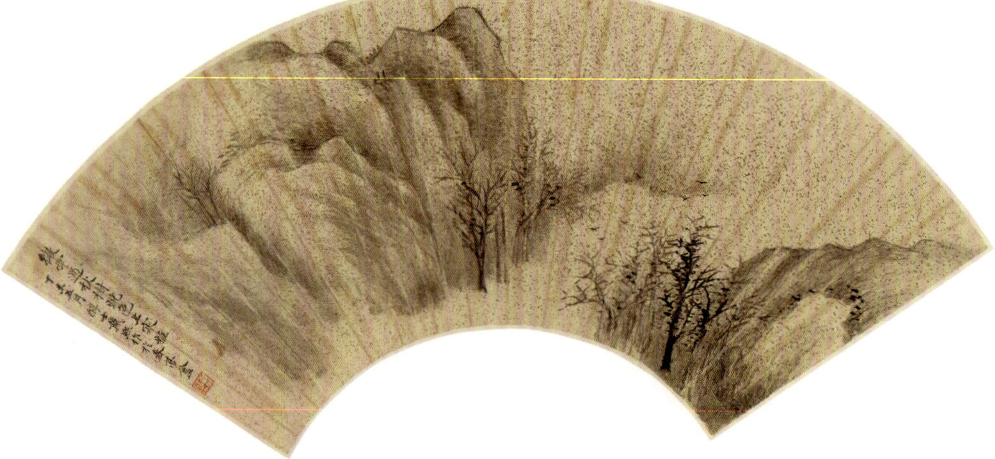

清代戴熙山水

戴熙（1801—1860），字醇士，号鹿床、榆庵、莼溪、松屏等，浙江钱塘（今杭州）人。工诗书，善绘事，其山水画受“四王”影响深远，又能相参各家，被认为是“四王”之后山水画集大成者。《清史稿》有传，有“忠烈”之名。戴熙是道光十二年（1832）进士，官至兵部右侍郎，后引疾归，主讲崇文书院。咸丰三年（1853）太平军进军江浙，戴熙以文人之躯积极捐资，办理团练。咸丰十年（1860）太平军首次攻克杭州，戴熙作为杭州地方团练督办，赋绝命词后投水自尽。后清廷追赠尚书衔，谥号“文杰”。此扇页画坡石、秋树、寒鸦，苍润沉厚，与细密的鱼子金纸面相映，别具韵味。它原本是一把成扇，残破不堪了，十年前我找人修复重裱过。虽是小品，但画得非常好，很能体现戴熙的风格。

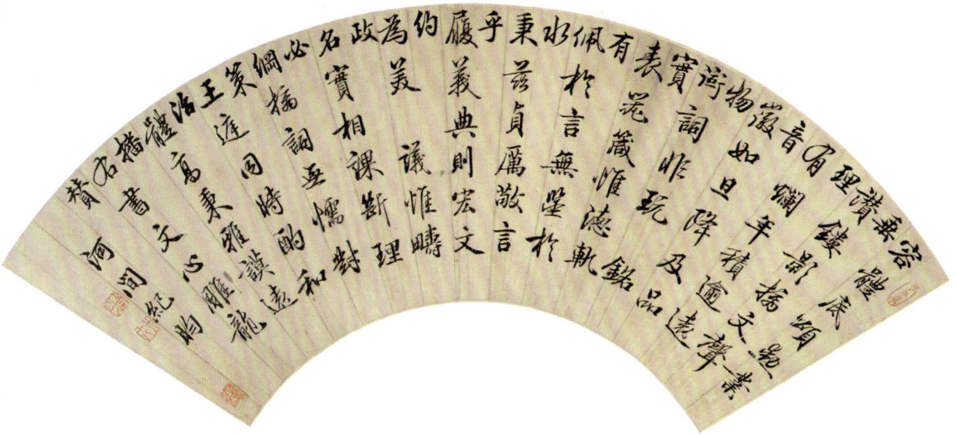

清代纪昀书法

纪昀（1724—1805），字晓岚，晚号石云、观弈道人等，河北献县人。乾隆十九年（1754）进士，历官贵州都匀府知府、《四库全书》总纂官、兵部尚书、礼部尚书、协办大学士等。尤以总纂《四库全书》和著作《阅微草堂笔记》享誉当时，名于后世。这件法书扇页，录的是《文心雕龙》，落款“河间纪昀”，是我母亲上世纪 50 年代所购。纪昀虽是“大纱帽”，但客观地说，他的字是比较一般的。当时这件扇页可能在“万聚兴”搁了有一两年都没人买，最后我母亲花五块钱把它收了。万聚兴的老板，是矮胖子、秃脑袋的葛三爷，我至今还有印象。

成扇一组

一柄折扇，通常由两部分组成，一是扇面，二是扇骨，二者合一，才是一柄完整的折扇，谓之成扇。文人画家创作于扇面，又有能工巧匠施技于扇骨，于是一柄扇子，便成为集多种艺术审美的工艺品。自明代以来，上自宫廷，下至民间，都有收藏扇子的雅好。

这里的五件成扇，是我母亲上世纪70年代末购得，书绘皆为近代名家。

第一件，是林琴南仿米家山所作山水成扇，扇骨为鸡翅木材质。林琴南（1852—1924），名纾，字琴南，号畏庐，福建闽县（今福州市）人。我们都知道他是中国近代有名的翻译家，虽然他并不懂外文。《巴黎茶花女遗事》《块肉余生述》《黑奴吁天录》这些中国最早的翻译小说，都是林琴南在与他人口述翻译合作下，用文言译成。林琴南也擅长绘画，早年花鸟得陈文召之传，晚年定居北京，致力于山水创作，自成一家。这幅扇面绘画，是他仿米家山之作，用墨自然，浓淡得宜，很有意境。

第二件，是溥心畬一写一画成扇，作于戊辰（1928）八月。溥心畬（1896—1963），即爱新觉罗·溥儒，初字仲衡，改字心畬，别号西山逸士、旧王孙等。为清道光帝之曾孙、恭亲王奕訢之孙，民国建立后从皇族变为遗民，一度隐居于北京西山戒台寺。曾留学于德国，讲学于日本，1934年始执教于国立北平艺专，1949

年赴台，任教于台湾师大艺术系。溥心畬一生沉浸于诗书画中，而成就粲然。其绘画更是尽情悠游于南北宗山水、花鸟、人物、工笔、写意之间，终其一生都保有王孙情性。

第三件，一面为溥雪斋写屈原《远游》，另一面为祁井西所绘青绿山水。从画上款识来看，也是作于戊辰（1928）。溥雪斋（1893—1966），即爱新觉罗·溥忻，号雪斋、南石、松风主人等。清惇亲王奕誴之孙。他与两个弟弟溥佺、溥佐均以画名，有“一门三杰”之称。溥忻自幼受到王室良好教育，能文善赋，精于书画、古琴和三弦。我个人认为，溥忻的书法更在溥儒之上。祁井西（1901—1944），又名祁昆，字景西，号井西居士，北京人。好摹古临古，尚北宗山水，最长于青绿山水画。

以上三件成扇，上款“湘南三兄”“酒仙先生”，应为同一人，即民国时期北京两大收藏家之一的衡永。另一位大收藏家，是我们曾经提及的完颜景贤（朴孙）。衡永虽然比景贤略小几岁，却比景贤高一辈。衡永（1881—1965），字湘南，号亮生，本姓完颜，入民国后改姓王，因此又叫王衡永或王湘南。他跟溥雪斋是连襟，因此清宗室画家溥儒、启功等都与他相熟。衡永专研古代书画及清代文物掌故，1957年被聘任为中央文史馆馆员，1965年病故。

第四件成扇，铁舟和尚一写一画，镂竹为骨。铁舟（1752—1824），清代画僧，字治亭，号梅第、铁卿、可韵、木石山人、听蕉山人，湖北武昌人。清人蒋宝龄《墨林今话》称其“善鼓琴，工书法，尤擅写竹石、花卉。渡江而东，名噪吴越……公书法近苏、米，烂然天真意趣。自作水墨花卉，似徐青藤，论者谓非深于临池不能也”。

第五件扇子很有意思，赤金面是溥雪斋写录杜诗五首，作于壬申（1932）七月。另一面是“松风画会”五人合作的水墨山水——溥佺（松风）作坡石，溥佺（松窗）作寒枝，章和镛（松云）画秋树，叶仰曦（松阴）画高士，启功（松壑）补乔柯远岫。画上未署年代，后来启功先生来我家，展观此扇，回忆应是1932年前后所作，彼时启功先生只有十九岁。松风画会成立于1925年，最初的发起人是溥伒、溥儒、溥僩、关松房和惠孝同等人。成员虽然多是宗室，但与政治并无关联，属于自娱自乐、怡情消闲的小型文社雅集。它的全盛时期在上世纪20年代中期至30年代末，距离今天差不多也有一个世纪了。

辑五

大
令乃造

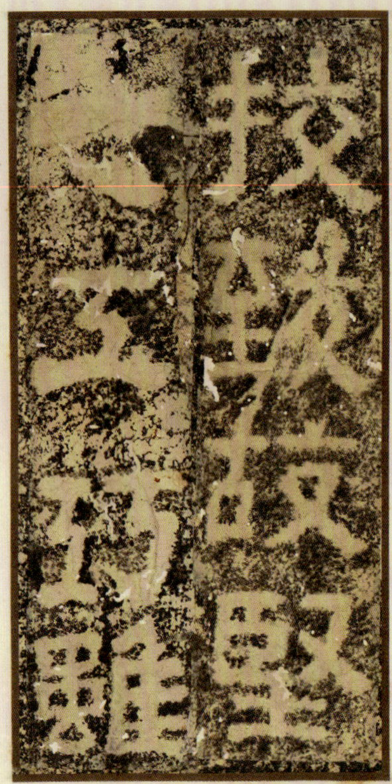
技
故堅
之巧雖

《郙阁颂》『校致攻坚』四字不损本

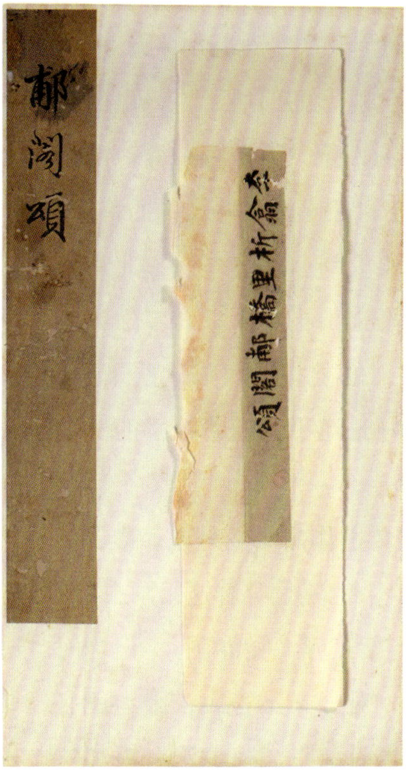

郙閣頌

二十多年前的一天，大雪飘飞，我闲坐家中，突然想起了马宝山先生，便打了一辆车，夹上几本旧藏碑帖，直奔和平门，也就是他家住的地方。

马老先生是琉璃厂走出来的鉴定专家，十六岁就在墨宝斋学徒，此后七十年未曾脱离文物古玩，直至去世前一直担任文物鉴定委员会委员，一生经手经眼的碑帖、书画无数。那一辈的鉴定专家，其实很多都出身琉璃厂，比如刘久庵、孙瀛洲，还有目前唯一在世的耿宝昌老先生。他们有一个共同特点，全是河北人，说起话来都是河北腔。这些先生们都是在古玩店学徒，虽然水平非常高，但都不是东家，很少有人自己开店。我从小和他们就很熟悉，后来在文物局系统工作，更是常常接触。

马宝山对我家非常了解，30 年代常跑我家，一见到我，就知道是东总布胡同赵九爷家的。马宝山最著名的事情，当属帮张伯驹先生购买展子虔《游春图》。《游春图》是宫里的东西，后被溥仪携带出宫。1945 年 8 月日本投降后，苏军攻入，就把溥仪俘虏了，关到大栗子沟，后来又运到了苏联。当时守长春的伪满洲国的军队叫“国兵”，其中有负责看守伪皇宫里的一栋“小白楼”的。听说溥仪被俘、伪满倒台，这些人也六神无主了，开始还是观望，后来干脆就把“小白楼”的门撬了，将里面的宝贝哄抢一空，甚至出现了一张画俩人抢、撕开后一人一半的情况，毁坏文物无数。那些“国兵”自然不懂这些文物的价值，以很低的价格出手，有的仅卖两三块大洋。此事一出，北京琉璃厂和上海的古玩商蜂拥至长春，马宝山也去了。马宝山当时是玉池山房的大伙计，受东家马霁川的委托去收购这些东西。他们到长春时，很多东西已经转了好几道手，随着经手的次数越多，价钱也越来越高。

《游春图》是隋代展子虔唯一的传世作品，也是现存最古的山水画作，马宝山自然知道它的价值，他就是奔着这幅画去的。到了长春后他拿到了一部分东西，包括这幅《游春图》。但当时他手里没钱，得等玉池山房汇过来，对方又不答应，因为还有其他人等着要呢。马老先生说，他当时急得满口燎泡，饭都吃不了。当然，最后总算是把这幅《游春图》买到了，具体花了多少钱，马老先生没有说。转卖给张伯驹的时候，经过一番讨价还价，二十条金子成交。东西先拿走，钱稍后补足，由马宝山做担保。此后，张伯驹卖了一所房子，以及潘素的一些首饰，算是把画买了下来，不过最后因金子的成色不足，又凑不够数，还是差了几条金子。到了解放后，这事也就吹了，估计最后差玉池山房三四条吧。后来张伯驹将《游春图》捐给了故宫博物院，现在是故宫里最重要的展品之一。

那天马宝山讲了很多这样的故事，包括大收藏家周养庵的事。周养庵1954年出狱以后，马宝山上门探望，顺便想处理一些未了的旧账。进门一看，周家家徒四壁，周的脑袋上还缠着绷带，正在糊纸盒呢。马宝山问及头伤，周说不慎摔破，马宝山怀疑是在监狱里被打的。此后没过多久，周养庵就悄然离世。不想一代收藏大家，晚境竟至如此凄凉。

我们看帖聊天，不知不觉竟过去了几个小时。

我那天是夹了几本碑帖过去的，其中有几本名气很大，比如南宋翻北宋缉熙殿本《九成宫》，翁方纲朱笔批注、曾为林则徐旧藏的《停云馆晋唐楷帖》，还有宋元至晚近所拓《黄庭》集帖等，都很珍贵。但马老先生最为看重、拿在手里一直不舍得放下的，却是《郙阁颂》。这本《郙阁颂》没有题签，只有清代著名书家梁同书的一篇跋语。

《郙阁颂》与《西狭颂》《石门颂》并称"汉代三大颂碑"，它的全称是《汉武都太守李翕析里桥郙阁颂》，原石在陕西略阳县徐家坪，为摩崖刻石，距江边仅五米，常受夏秋洪水冲刷，又有行船纤绳经年擦崖而过，因此剥蚀严重。郙阁为汉阁，当时称“析里”，有桥跨溪，名“析里桥”。汉建宁五年（172），太守李翕建郙阁，以济行人，时人勒石作颂，即为《郙阁颂》。刻文为汉隶，雄劲古朴，多含篆意，自唐宋时已深受书家称赏。因原石年代久远，又经水冲绳磨，《郙阁颂》拓本上的斑驳痕迹

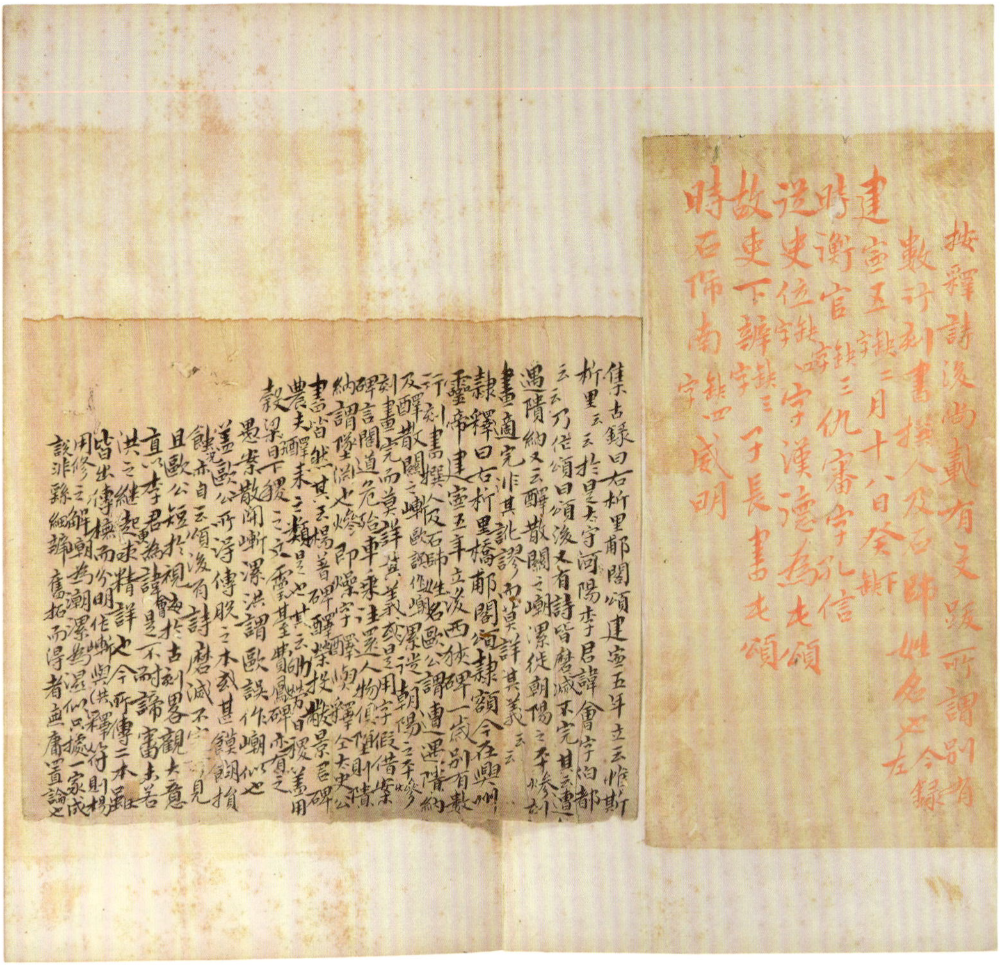

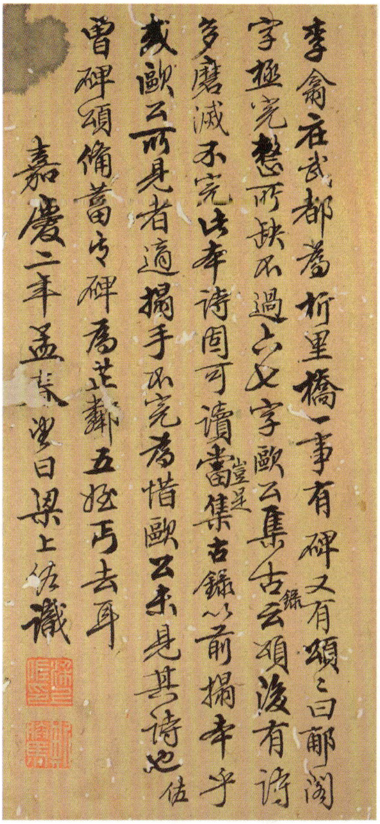

与字迹相杂，但沧桑之感不掩书体的遒劲与浑厚。

马宝山先生说，《郙阁颂》康熙以后的本子，均无“校致攻坚”完整四字。他曾见过一些拓本，其中“校致”二字尚未损，至乾隆年间则“校”字只有大半，“致”字几乎不存。此本“校致攻坚”四字完好无损，当为顺治初年的拓本。当然，顺治之前也可能有，但目前未见有流传下来的。马老先生说，他只是听说，而未见过此本，因而爱不释手。并说这是他见到过的最早的“校致攻坚”不损本。这本《郙阁颂》装裱得也很好，是清代中叶的裱工。

那天，从上午 9 点多一直聊到下午 2 点，两个人都没吃午饭，我走的时候，雪还没有停。这本《郙阁颂》，马老先生反复翻看，看了一个多小时。我带去的碑帖，若论经济价值，都比《郙阁颂》高，但他唯独对这一本情有独钟，所以我印象非常之深。

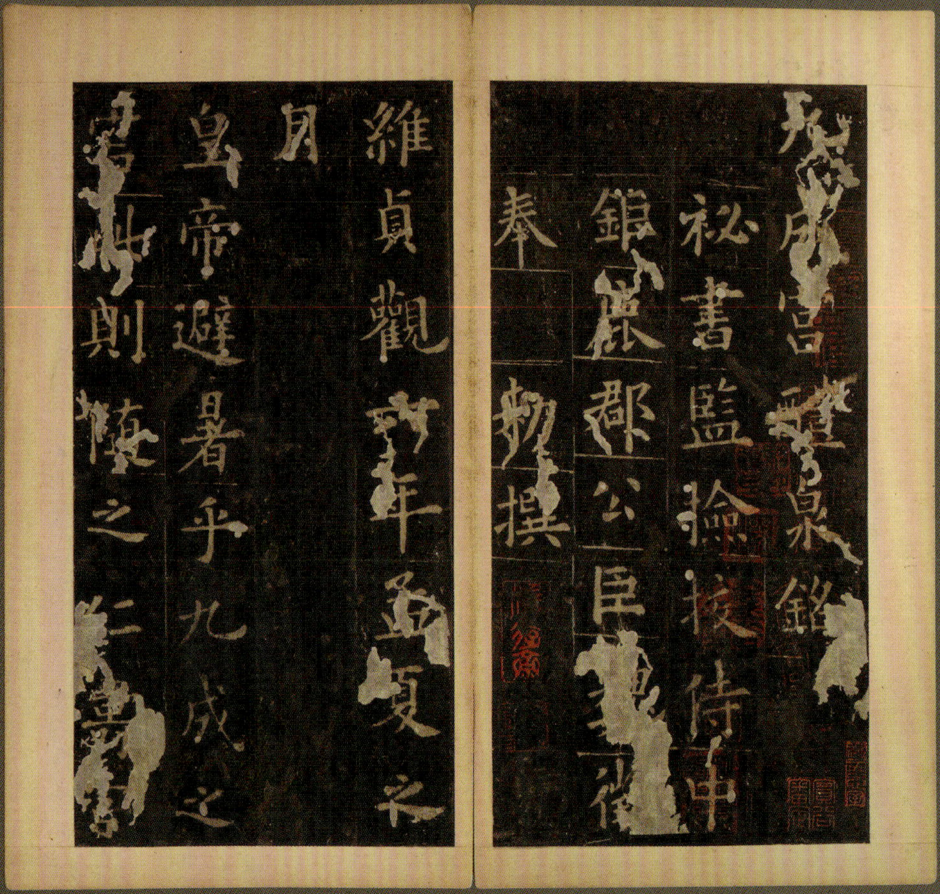
九成宮醴泉銘
秘書監檢校侍中
鉅鹿郡公臣魏徵
奉勑撰
維貞觀六年孟夏之
月
皇帝避暑乎九成之
宮此則隋之仁壽宮

南宋翻北宋缉熙殿本《九成宫》

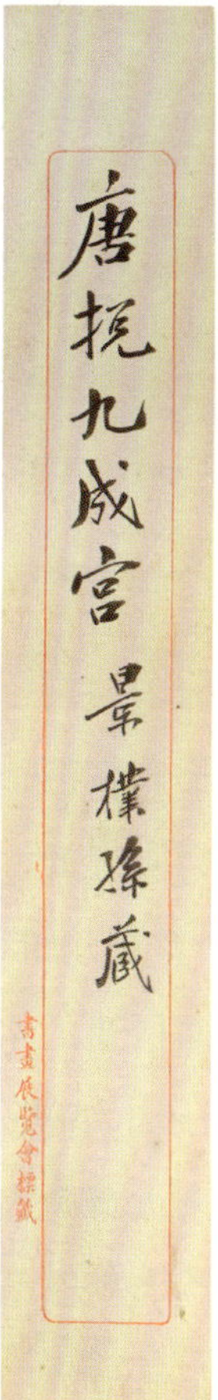
唐搨九成宫 景樸孫藏
書畫展覽會標籤

上世纪70年代末，启功先生到我家来，看过这个本子。启先生给它定名为“南宋翻北宋缉熙殿本《九成宫》”。在我祖父收藏之前，它是完颜景贤的旧藏。

完颜景贤，字亨父，号朴孙，别号小如庵，满洲镶黄旗，户部员外郎华毓之子，主要生活在清末同光年间至民初。张伯驹先生在《北京清末之后之书画收藏家》一文中，盛赞景朴孙为“清末民初北京书画收藏家之首”。有关景朴孙的记载很少，关于他的卒年，可从恽毓鼎《澄斋日记》与内藤湖南的书札中相互印证，大约是在1926年的上半年。

1917年，在北京中山公园举办过一次轰动京城收藏界的“京师书画展览会”，景朴孙所提供的书画展品，几乎占了全部展品的半数。中山公园由紫禁城西南侧的社稷坛改建而

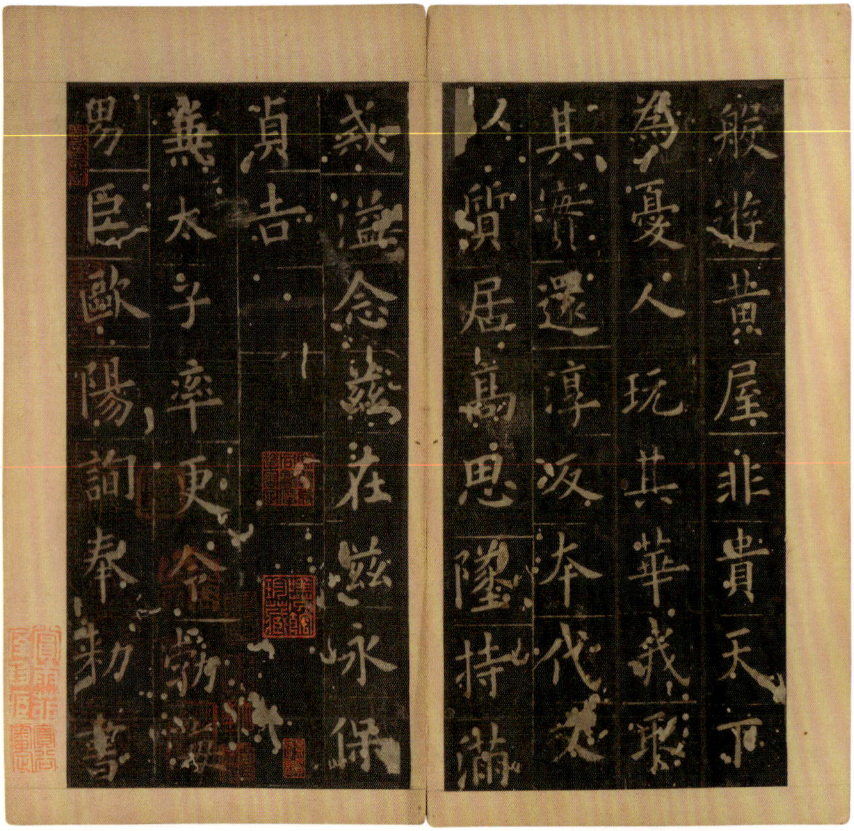
般遊黃屋非貴天下
為憂人玩其華我取
其實還淳反本代文
以質居高思墜持滿
戒溢念茲在茲永保
貞吉
兼太子率更令勃海
男臣歐陽詢奉勅書

成，1914 年正式开放，当时叫做中央公园。在此之前，园内已是杂草丛生、荒秽不堪，朱启钤先生时任内务部总长兼京都市政督办，他经过很大的努力，清理了社稷坛，还把圆明园的一些遗物，如兰亭八柱等搬移过来。此后又增建了两个重要建筑，一个是展赏花卉的唐花坞，另一个就是在唐花坞对面所建的水榭，北厅三间，东西厅各三间，环厅内外建游廊，为砖木结构。门额“水榭”二字为中山公园董事恽公孚所书，后来大概是在“文革”中被毁了。水榭建成之后，有一个极大的用途，就是举办公共展览。我还记得我最后一次在水榭看展览，是在1966年的4月，一个大风天，展览的是德国五百年名画展，这是后话了。1917年中山公园的那次书画展览会，地点也是在水榭。日本藏家内藤湖南专程参观了这次展览，认为景朴孙所提供的展品是此次展出中最好的。这件《九成宫》拓本，也在当时的展品之列。景朴孙亲笔书写的参展签条，也留存下来，用的是白宣纸红栏签纸，左下角印有“书画展览会标签”字样，展品名称“唐搨九成宫”之下，有“景朴孙藏”字迹。几年后，景朴孙去世，藏品星散。我祖父当时经济情况较好，也买了一些景朴孙的东西，这件《九成宫》拓本就是其中的精品。

《九成宫》，全称《九成宫醴泉铭》，唐贞观六年（632）由魏征撰文、欧阳询书字，历来为学书者所推崇，有“天下第一楷书”之称。《九成宫》拓本遍布海内外，即便是宋拓，传世也有多种，其中真伪互见，情况十分复杂。我家的这一本，为南宋缉熙殿藏本，后来的递藏，我所知道的，是从符曾到姚鼐，到景朴孙，再到我祖父。张彦生《善本碑帖录》中记载：“姚鼐（惜抱）跋本，目为唐拓，后归景贤，有印本。全碑有界格，又名九宫格，深刻完好。”指的就是这一本。前有题签“唐拓醴泉铭宋缉熙殿本”，以及姚鼐、祁隽藻的题首两篇。祁文提到：“曾见宋拓《醴泉铭》二本，一懋勤殿本，有金泥收藏印；一那文毅家藏本，并腴劲沉厚而清气往来，神游点画之外，令人静对怡然。此本骨重神寒，古香溢目，姬传、山舟两先生定为唐宋间拓，亦可宝也。”梁同书曾从姚鼐处借观，留言“借观数日，跋其尾而归之，心目间犹不胜余慕焉”。梁同书跋文之后，又有姚鼐跋文一篇，对此本评价甚高，认为“纵非唐拓，其亦必出于北宋之初乎”。拓本上的鉴藏印，有“缉熙殿宝”“赏雨茆屋珍藏”“宾谷审定”“常熟翁同龢摩挲审定”“景贤曾观”等。与故宫藏宋拓本对照，此本“蔽亏”二字无损，“长廊四起”的“四”字也未泐损，都可证明是宋拓无疑。只是在清代裱帖之前已有虫蚀，少了四十多字。

我祖父对此帖十分珍爱。他有一个习惯，对于特别珍贵的东西，不落自己的印款。此帖已在我家珍藏了三代，我祖父没舍得往上盖印，我们后世就更没有人往上盖了。1969 年我父亲去咸宁干校的时候，也随身携带着这本《九成宫》。1971 年他奉调回京，筹备恢复“二十四史”点校工作，《九成宫》也跟着他回到了北京。

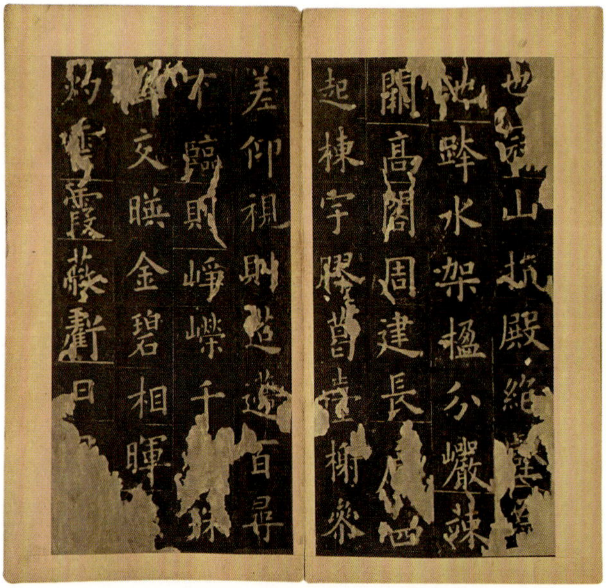

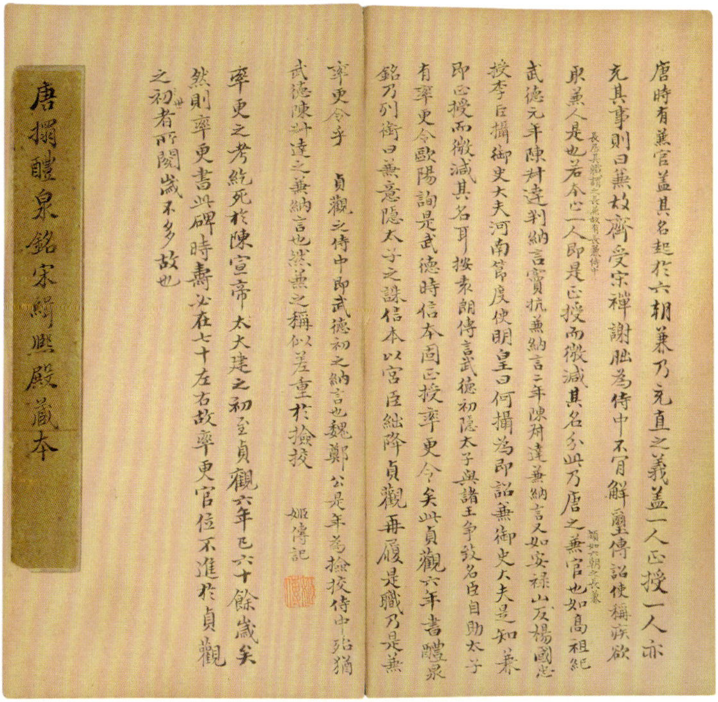

唐搨醴泉銘宋緝熙殿藏本

唐時有兼官蓋其名起於六朝兼乃兀直之義蓋一人正授一人亦
兼其事則曰兼故齊受宋禪謝朏為侍中不肯解璽傳詔使稱疾欲
取兼人是也若本已一人即是正授而微減其名以此乃唐之兼官也如高祖紀（長原其職謂之長兼故有長兼侍中）（頗如六朝之長兼）
武德元年陳叔達判納言竇抗兼納言二年陳叔達兼納言又如安祿山反楊國忠
授李峘攝御史大夫河南節度使明皇曰何攝為即詔兼御史大夫是知兼
即正授而微減其名耳按袁朗傳言武德初隱太子與諸王爭致名臣自助太子
有率更令歐陽詢是武德時信本固正授率更令矣此貞觀六年書醴泉
銘乃列銜曰兼意隱太子之誅信本以宮臣絀降貞觀再履是職乃是兼
率更令乎　貞觀之侍中即武德初之納言也魏鄭公是年為檢校侍中殆猶
武德陳叔達之兼納言也然兼之稱似差重於檢校　姬傳記
率更之考紇死於陳宣帝太大建之初至貞觀六年已六十餘歲矣
然則率更書此碑時壽必在七十左右故率更官位不進於貞觀
之初世者所閱歲不多故也

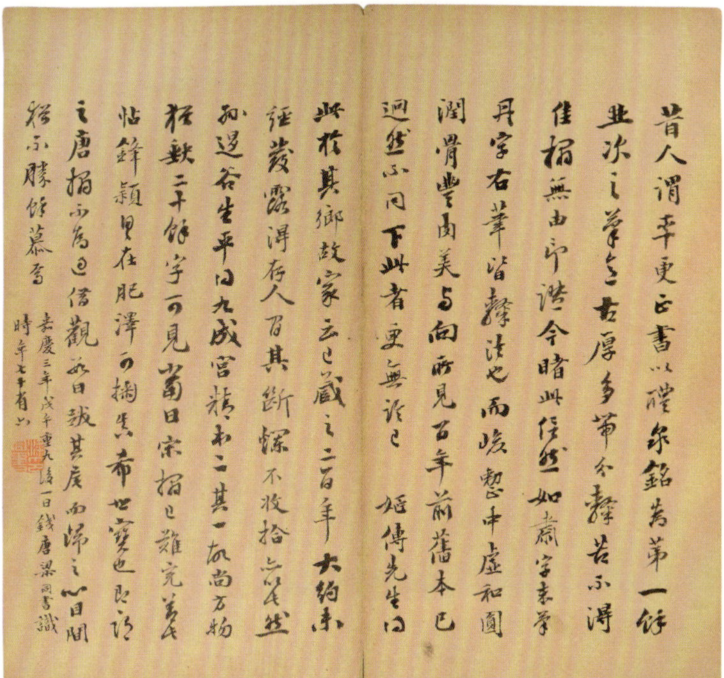

昔人謂率更正書以醴泉銘為第一余
此次之筆意古厚多筆分隸若不得
佳搨無由知其法今睹此終然如蘭字末筆
丹字右筆皆隸法也而峻整中虛和圓
潤骨豐肉美與向所見百年前舊本已
迥然不同下此者更無論已　姬傳先生曰
此於其鄉故家云已藏之二百年大約未
經發露得存人間其斷爛不收拾亦然
初退谷生平所見九成宮精本二其一版尚方物
猶缺二十餘字可見前日宋搨已難完善
帖錄類見在肥澤所搨者希世寶也良語
之唐搨而為通借觀數日跋其後而歸之心目間
猶不勝饞慕焉
嘉慶三年戊午重九後一日錢唐梁同書識
時年七十有六

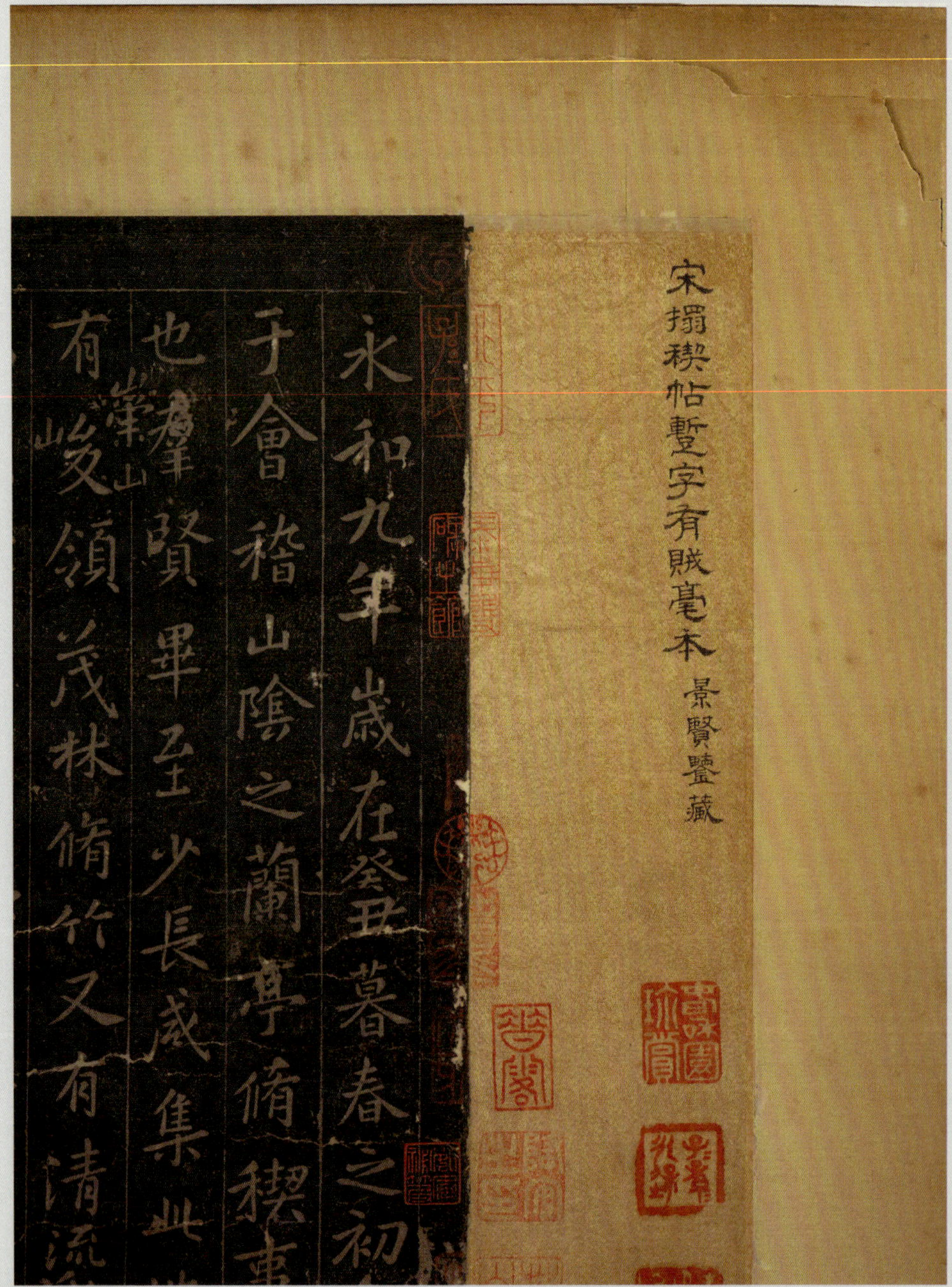
宋搨禊帖暨字有賊毫本
景賢鑒藏
永和九年歲在癸丑暮春之初
于會稽山陰之蘭亭脩稧事
也羣賢畢至少長咸集
有崇山峻領茂林脩竹又有清

宋拓《兰亭》“况”字三点“蹔”字有贼毫本

这件《兰亭》，也是景朴孙旧物。我祖父于 1929 年左右购得，镶在一个带玻璃的红木框内，一直挂在他东总布胡同宅的小客厅里。后来我家搬到东四二条，就又挂在我祖母的客厅里。1980 年左右，启功先生在我家看过这件《兰亭》，当时我就在旁边。启先生看后说：此本有名，为“况”字三点“蹔”字有贼毫本。这句话我印象很深。

《兰亭序》，又称《兰亭集叙》《临河序》《禊帖》等。东晋永和九年（353）三月初三上巳节，时任会稽太守的王羲之和他的朋友、子弟共四十二人，在会稽山阴（今浙江绍兴）的兰亭地方，举行了一次春禊雅集。曲觞流水，而有诗集，王羲之为诗集作序，是为《兰亭序》，此文历代传诵，成为名篇。王羲之当日所写底稿，书法精美，即为著名的“兰亭帖”。此帖真迹绝迹，千余年来，临、摹、刻事不断，出现了面目各异的多种版本，相关的考证研究，乃至传说逸闻，也是层出不穷。

流转在我家的这件《兰亭》拓本，可见印章三四十方。前有景朴孙题签“宋拓禊帖蹔字有贼毫本，景贤鉴藏”，并钤有其

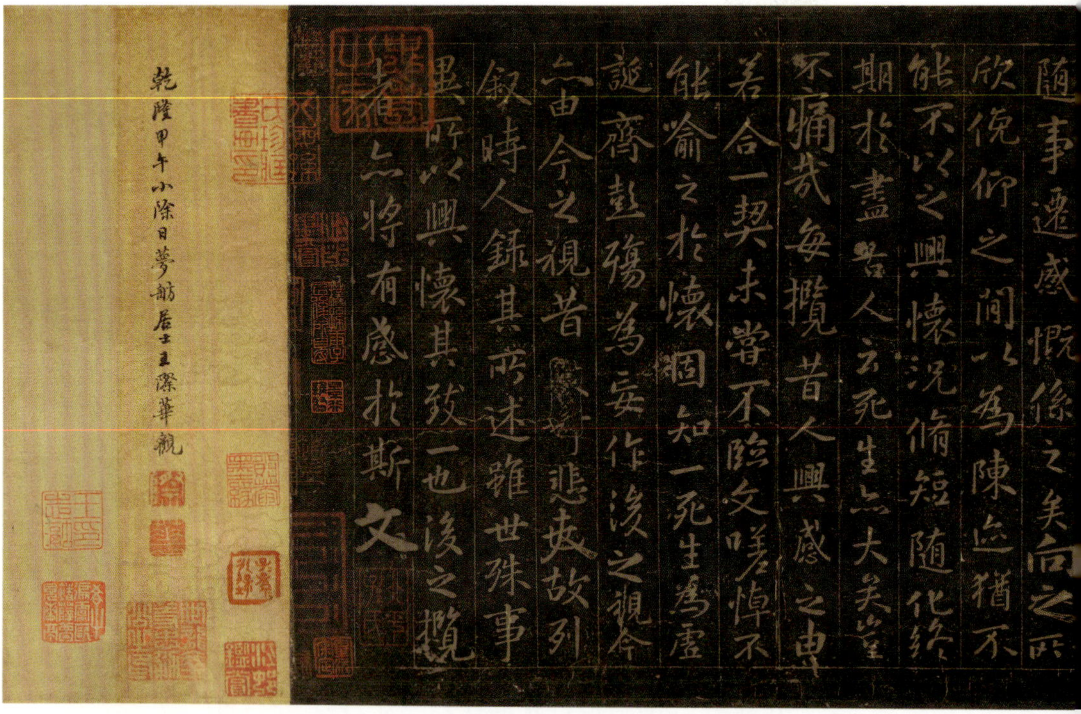
乾隆甲午小除日夢舫居士王際華觀

印章“景行维贤”“小如庵秘籍”“小如庵墨缘”等；后有王际华观款“乾隆甲午小除日梦舫居士王际华观”。王际华（1717—1776），字秋瑞，号白斋，别号梦舫居士，浙江钱塘人。他是乾隆十年（1745）的探花，历任内阁学士、礼部侍郎、礼部尚书、《四库全书》正总裁、户部尚书等，既是高官，也是藏书家。王际华观款中的“乾隆甲午”，即1774年。这行小字题写在旧裱的织锦上，可见旧裱至迟也是清中叶了。

宋搨禊帖暨字有賊毫本
景賢鑒藏

细观此帖，墨色发灰而沉静，古意盎然。尤记得当年启功先生说：建议裱为手卷，以便保存。惜乎至今未予实行。

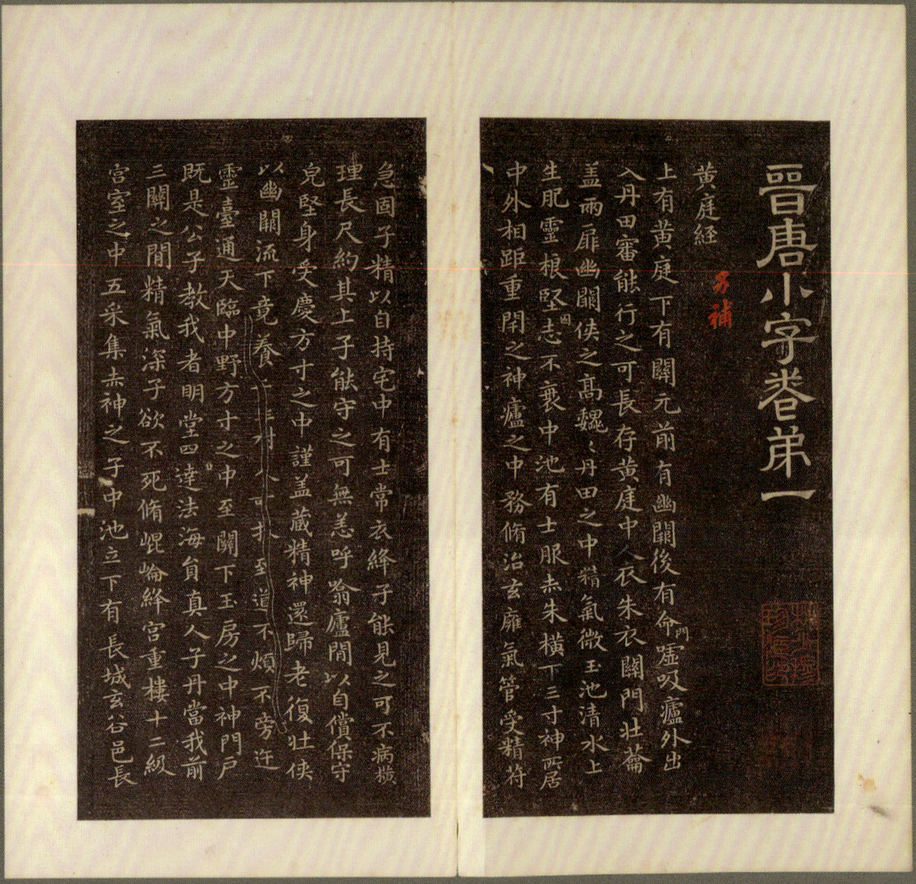
晉唐小字卷第一
黃庭經
另補
上有黃庭下有關元前有幽闕後有命門噓吸廬外出
入丹田審能行之可長存黃庭中人衣朱衣關門壯籥
蓋兩扉幽闕俠之高巍巍丹田之中精氣微玉池清水上
生肥靈根堅固志不衰中池有士服赤朱橫下三寸神所居
中外相距重閉之神廬之中務脩治玄雍氣管受精符
急固子精以自持宅中有士常衣絳子能見之可不病橫
理長尺約其上子能守之可無恙呼噏廬間以自償保守
兒堅身受慶方寸之中謹蓋藏精神還歸老復壯俠
以幽闕流下竟養子玉樹令可扶至道不煩不旁迕
靈臺通天臨中野方寸之中至關下玉房之中神門戶
既是公子教我者明堂四達法海員真人子丹當我前
三關之間精氣深子欲不死脩崐崘絳宮重樓十二級
宮室之中五采集赤神之子中池立下有長城玄谷邑長

翁方纲考订停云馆晋唐楷帖

停云，凝聚不散的云，典出陶渊明“霭霭停云，濛濛时雨”。停云馆，是文征明从父亲文林那里继承下来的书斋。据说文征明“少拙于书，乃刻意临学”，未到四十岁，其“模楷”技术已名闻吴中。在六十八岁古稀将至时，文征明开始了摹刻《停云馆帖》的浩大工程。这部丛帖取材丰富，基本囊括了魏晋至明代的一流书家，由文氏父子摹勒，章简甫、温恕镌刻。第一卷《晋唐小字》刻于嘉靖十六年（1537），其后陆续摹刻，在文征明生前一共刻成十一卷。文

翁覃溪考訂停雲館晋唐楷帖

征明卒后一年，他的子孙把他写的小字《黄庭经》和行书《西苑诗十首》刻为末卷，时嘉靖三十九年（1560）。先后以二十三年光阴，刻了十二卷，一百二十一石。《停云馆帖》一经行世，便引起广泛关注，在明代流传颇广，入清之后也出现了许多翻刻本。

我家旧藏的这本集帖，函盒上有题签"翁覃溪考订停云馆晋唐楷帖"，内辑《黄庭经》《乐毅论》《曹娥碑》《羲之临钟繇帖》《华阳隐居真迹帖》等十余种。其特殊之处，在于每帖都有翁方纲的朱笔考订手迹。对于这本集帖，翁方纲显然考辨甚细，留下多处朱笔手迹。例如，在《乐毅论》帖前有批注："此下乐毅论全本是原石，从宋秘阁本出，停云全帖第一神品。"《黄庭经》帖末批注："此黄庭从重刻秘阁本出；黄庭残本是原石，从越州石氏帖出。"《曹娥碑》帖末批注："此曹娥后题前二行原石，第三行翰林学士以下另补。……此下丙舍、宣示、洛神、华阳、破邪皆原石。"并有多处钤印"覃溪""覃溪审定"章。

翁方纲之后，此帖又曾为林则徐所藏，钤有"林少穆珍藏印"。林则徐（1785—1850），字元抚，又字少穆，福建侯官（今福州）人。嘉庆进士。林则徐自1820年任江南道监察御史起，二十年间历任江苏布政史、湖北布政史、河南布政史、江苏巡抚、两江总督兼两淮盐政、湖广总督等，可谓平步青云；因为官勤勉、体恤百姓，官声极好。道光十八年（1838）被任命为钦差大臣，赴广东禁烟。1840年被构陷革职，后发配伊犁，经过了三年谪戍生活。1845年获赐东归，又做过陕甘总督、陕西巡抚、云贵总督，最后病死在去广西赴任的路上。观其一生，可

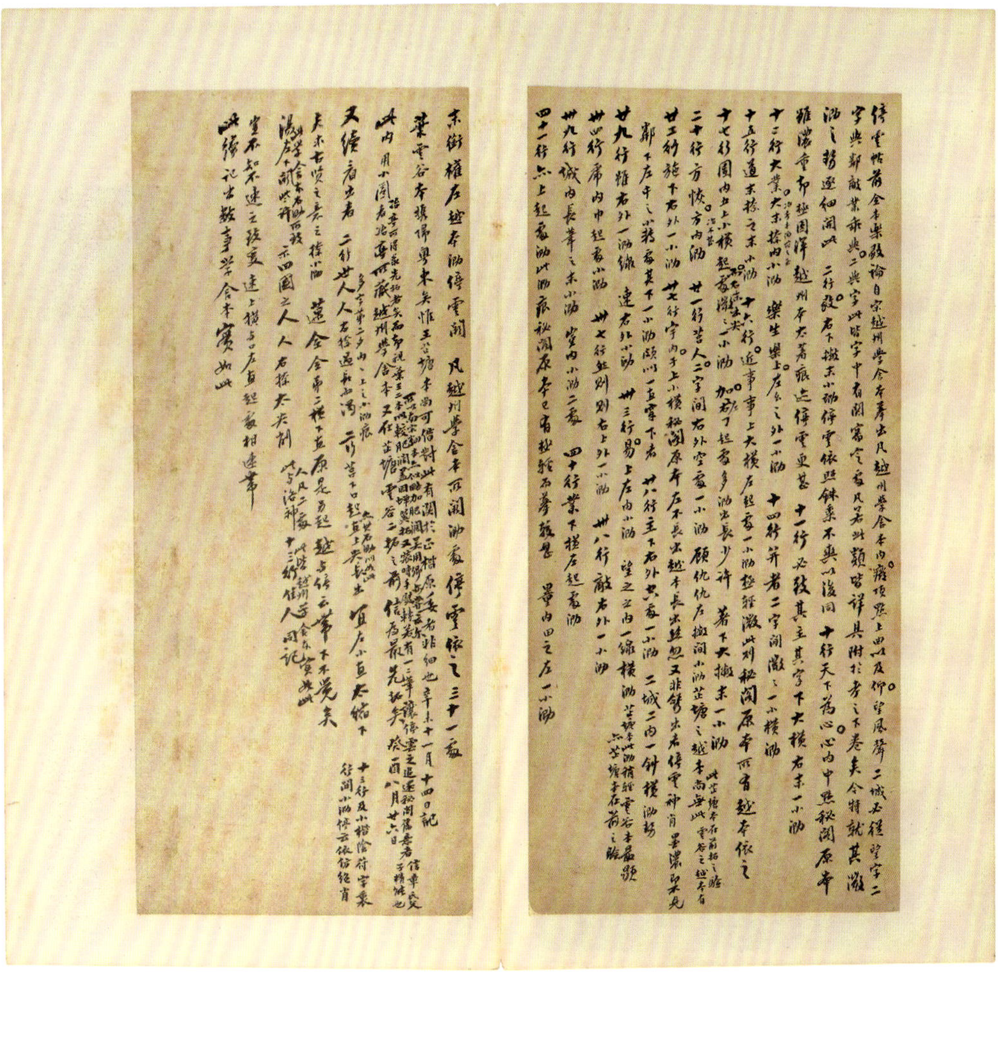

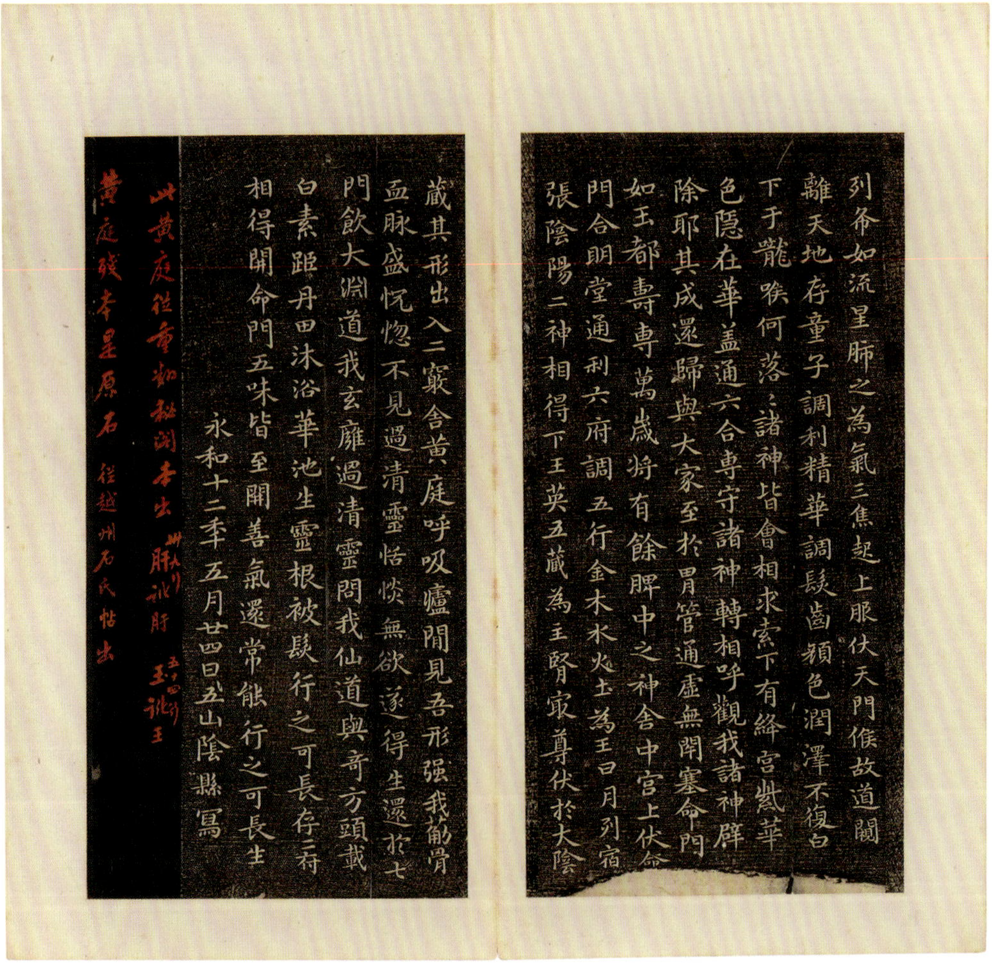

列布如流星肺之為氣三焦起上服伏天門候故道闚
離天地存童子調利精華調髮齒顏色潤澤不復白
下于嚨喉何落落諸神皆會相求索下有絳宮紫華
色隱在華蓋通六合專守諸神轉相呼觀我諸神辟
除耶其成還歸與大家至於胃管通虛無閉塞命門
如玉都壽專萬歲將有餘脾中之神舍中宮上伏命
門合明堂通利六府調五行金木水火土為王日月列宿
張陰陽二神相得下王英五藏為主腎最尊伏於大陰
藏其形出入二竅舍黃庭呼吸廬間見吾形強我筋骨
血脉盛恍惚不見過清靈恬惔無欲遂得生還於七
門飲大淵道我玄雍過清靈問我仙道與奇方頭載
白素距丹田沐浴華池生靈根被髮行之可長存二府
相得開命門五味皆至開善氣還常能行之可長生
永和十二季五月廿四日五山陰縣寫

此黃庭從重刻秘閣本出 卌九行肝讹肘 五十四行玉讹王

黃庭殘本是原石 從越州石氏帖出

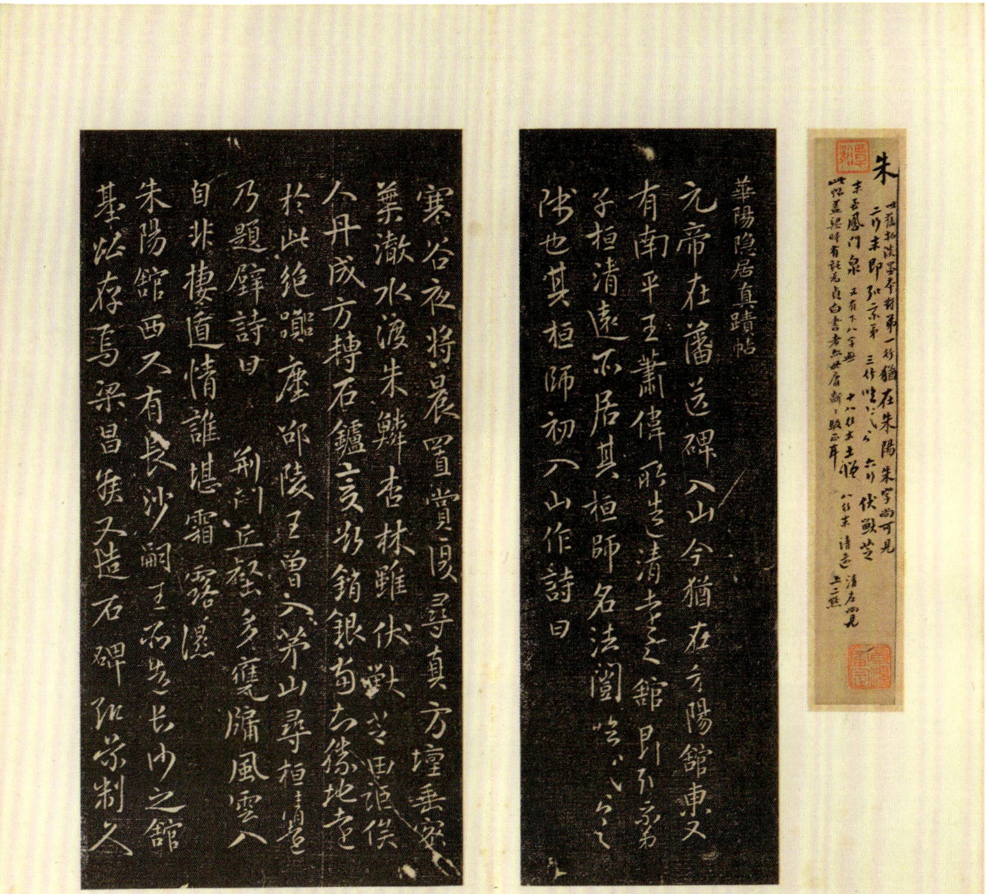
華陽隱居真蹟帖
元帝在藩造碑入山今猶在朱陽館東又
有南平王蕭偉所造清遠之館則爲弟
子桓清遠不居其桓師名法闓
也其桓師初入山作詩曰
寒谷夜將晨置賞浸尋真方壇垂密
藥漱水渡朱鱗杏林雖伏獸
人丹成方搏石鑪
於此絕嚻塵邵陵王曾入茅山尋
乃題壁詩曰
自非棲遁情誰堪霜露還
朱陽館西又有長沙嗣王所造長沙之館
基址存焉梁昌侯又造石碑

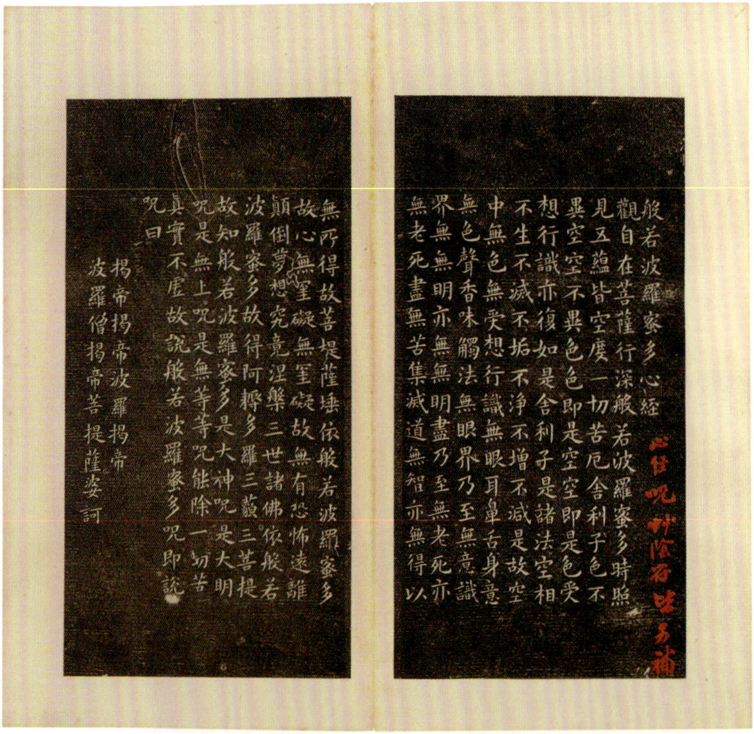
般若波羅蜜多心經
觀自在菩薩行深般若波羅蜜多時照
見五蘊皆空度一切苦厄舍利子色不
異空空不異色色即是空空即是色受
想行識亦復如是舍利子是諸法空相
不生不滅不垢不淨不增不減是故空
中無色無受想行識無眼耳鼻舌身意
無色聲香味觸法無眼界乃至無意識
界無無明亦無無明盡乃至無老死亦
無老死盡無苦集滅道無智亦無得以
無所得故菩提薩埵依般若波羅蜜多
故心無罣礙無罣礙故無有恐怖遠離
顛倒夢想究竟涅槃三世諸佛依般若
波羅蜜多故得阿耨多羅三藐三菩提
故知般若波羅蜜多是大神咒是大明
咒是無上咒是無等等咒能除一切苦
真實不虛故說般若波羅蜜多咒即說
咒曰
揭帝揭帝波羅揭帝
波羅僧揭帝菩提薩婆訶

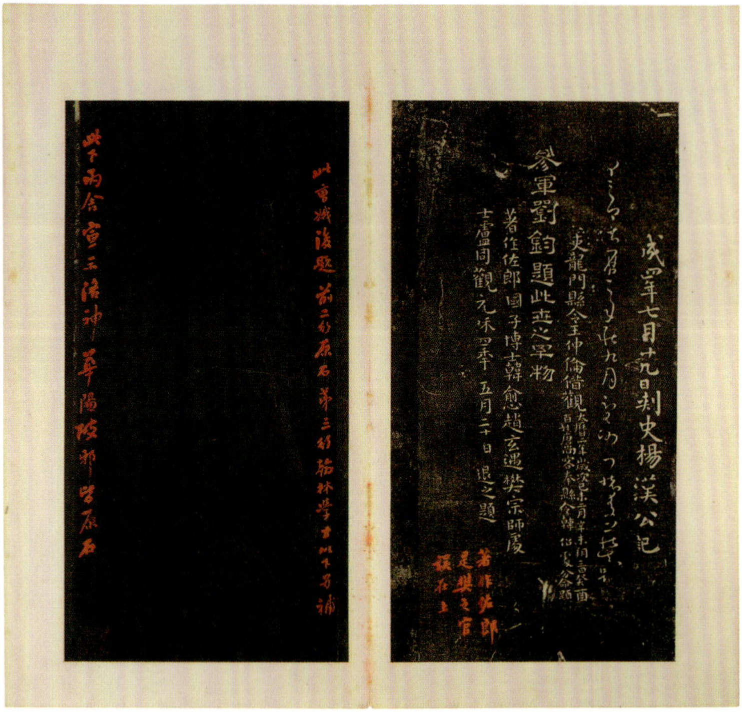
七月十九日刺史楊漢公記
吏龍門縣令王仲倫偕觀
參軍劉鈞題
著作佐郎國子博士韓愈趙玄遇樊宗師處
士盧同觀元和四年五月二十日退之題

谓跌宕起伏。我曾阅读《林则徐集》，特别对他的日记、家信等留有很深印象。在能臣廉吏的另一面，林则徐又是传统的文人士大夫，有良好的文化修养。早年在翰林院庶常馆任职时，他也曾与友朋一起参加宣南诗社的活动。宣南诗社的主要活动地点，在陶然亭西北的龙树寺。结社雅集，是中国传统文人交游唱和的一种特有的方式，金谷、兰亭、西园，都是历史上非常有名的雅集，由此派生出的图画、诗文，乃至书帖等，又是一个长长的故事了。

综观之，此本翁方纲考订停云馆晋唐楷帖的价值，更多在于翁氏的朱文考订批注，及经林则徐所藏。

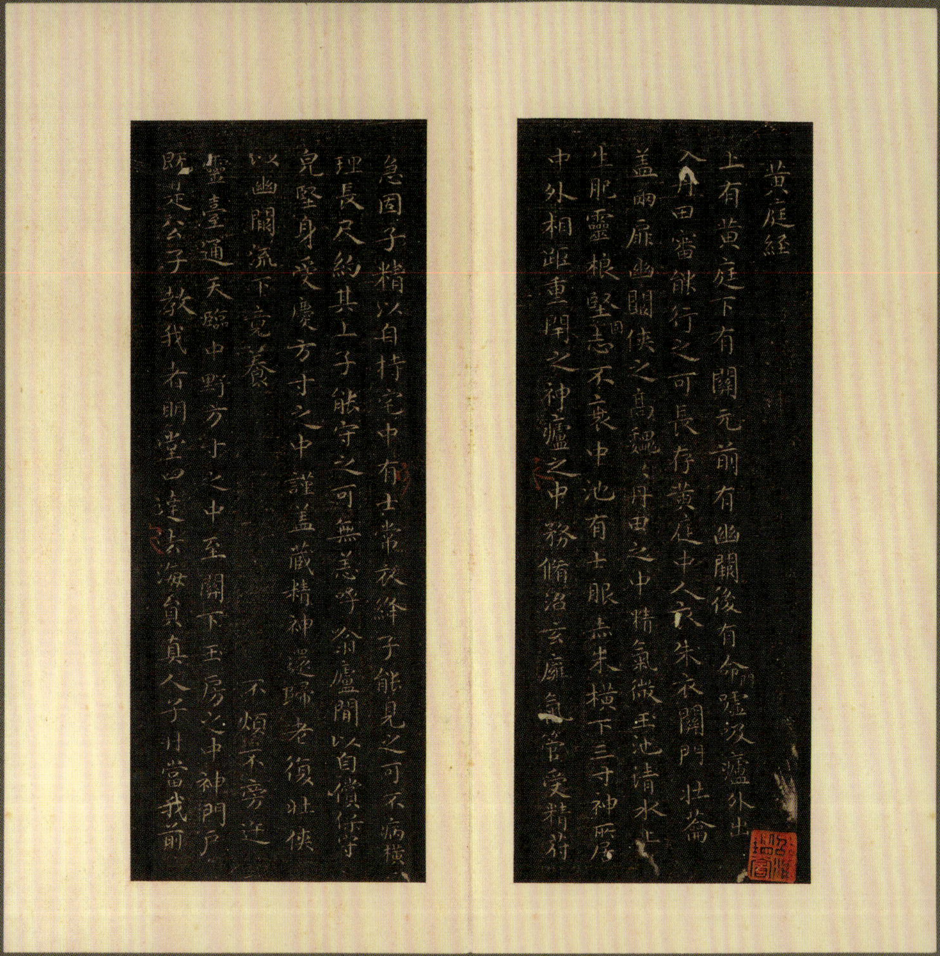
黃庭經
上有黃庭下有關元前有幽闕後有命門噓吸廬外出
入丹田審能行之可長存黃庭中人衣朱衣關門壯籥
蓋兩扉幽闕俠之高巍巍丹田之中精氣微玉池清水上
生肥靈根堅志不衰中池有士服赤朱橫下三寸神所居
中外相距重閉之神廬之中務脩治玄廱氣管受精符
急固子精以自持宅中有士常衣絳子能見之可不病橫
理長尺約其上子能守之可無恙呼噏廬間以自償保守
兒堅身受慶方寸之中謹蓋藏精神還歸老復壯俠
以幽闕流下竟養 不煩不旁迕
靈臺通天臨中野方寸之中至關下玉房之中神門戶
既是公子教我者明堂四達法海員真人子丹當我前

《黄庭》集拓册页

宋搨星鳳樓黃庭經秋碧堂藏楮墨第一

“山阴道士如相见，应写《黄庭》换白鹅。”李白的这句诗，联系着王羲之书《黄庭经》的一段千年“公案”。从存世文献来看，齐梁时的陶弘景，唐代的褚遂良、武平一、徐浩等，都记载王羲之确曾书写《黄庭经》，然后世所传，除去有名有姓的临本之外，是否有王写本，则莫衷一是。历代书法名家，临摹《黄庭经》而唐宋以来见于著述者，少说也有二十余家。在宋代又曾摹刻上石，遂有拓本流传。我家收藏的这本《黄庭》集拓册页，就辑入了八种《黄庭经》拓本。

第一种，有题签“宋拓星凤楼黄庭经秋碧堂藏楮墨第一”，后有“蕉林”印，说明此本曾经梁清标收藏。

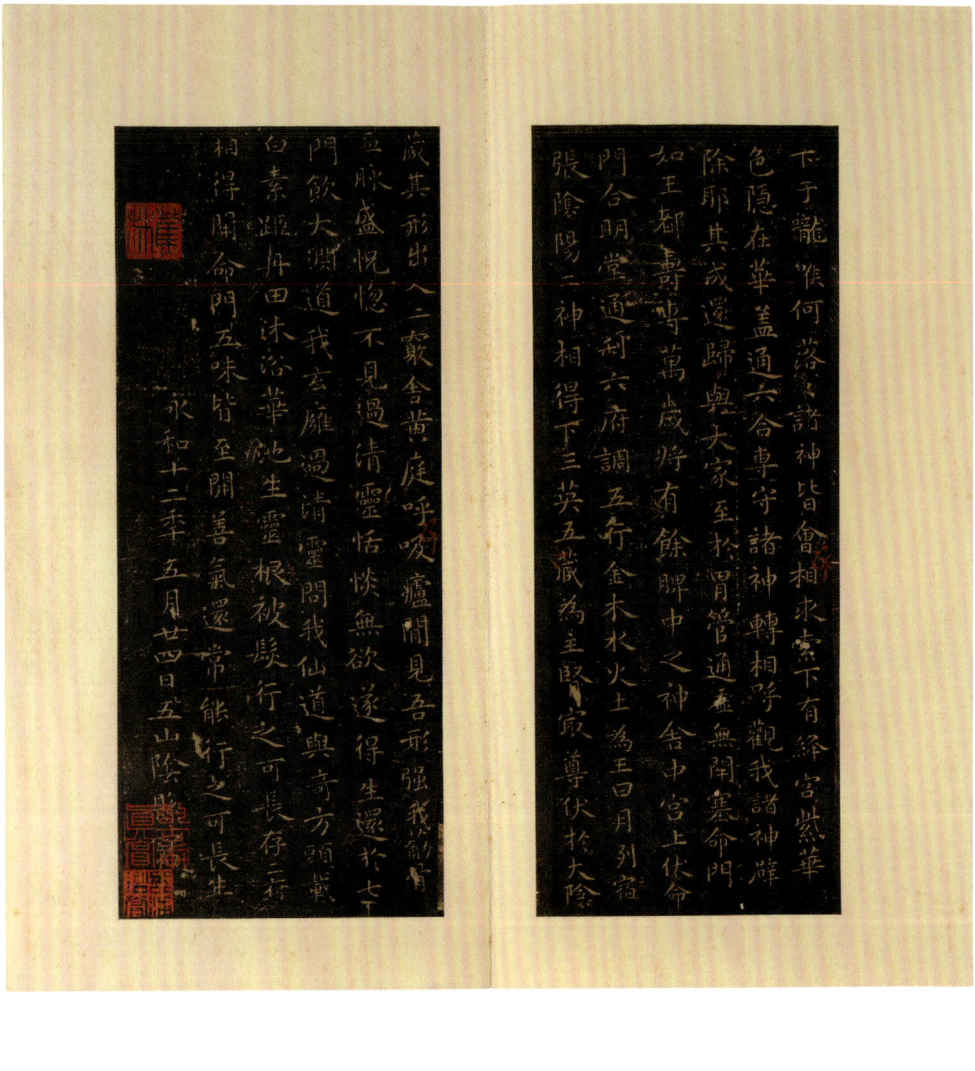
下于嚨喉何落落諸神皆會相求索下有絳宮紫華
色隱在華蓋通六合專守諸神轉相呼觀我諸神辟
除耶其成還歸與大家至於胃管通虛無閉塞命門
如玉都壽專萬歲將有餘脾中之神舍中宮上伏命
門合明堂通利六府調五行金木水火土為王日月列宿
張陰陽二神相得下玉英五藏為主腎最尊伏於大陰
藏其形出入二竅舍黃庭呼吸廬間見吾形强我筋骨
血脉盛恍惚不見過清靈恬惔無欲遂得生還於七
門飲大淵道我玄雍過清靈問我仙道與奇方頭戴
白素距丹田沐浴華池生靈根被髮行之可長存二府
相得開命門五味皆至開善氣還常能行之可長生
永和十二年五月廿四日五山陰縣

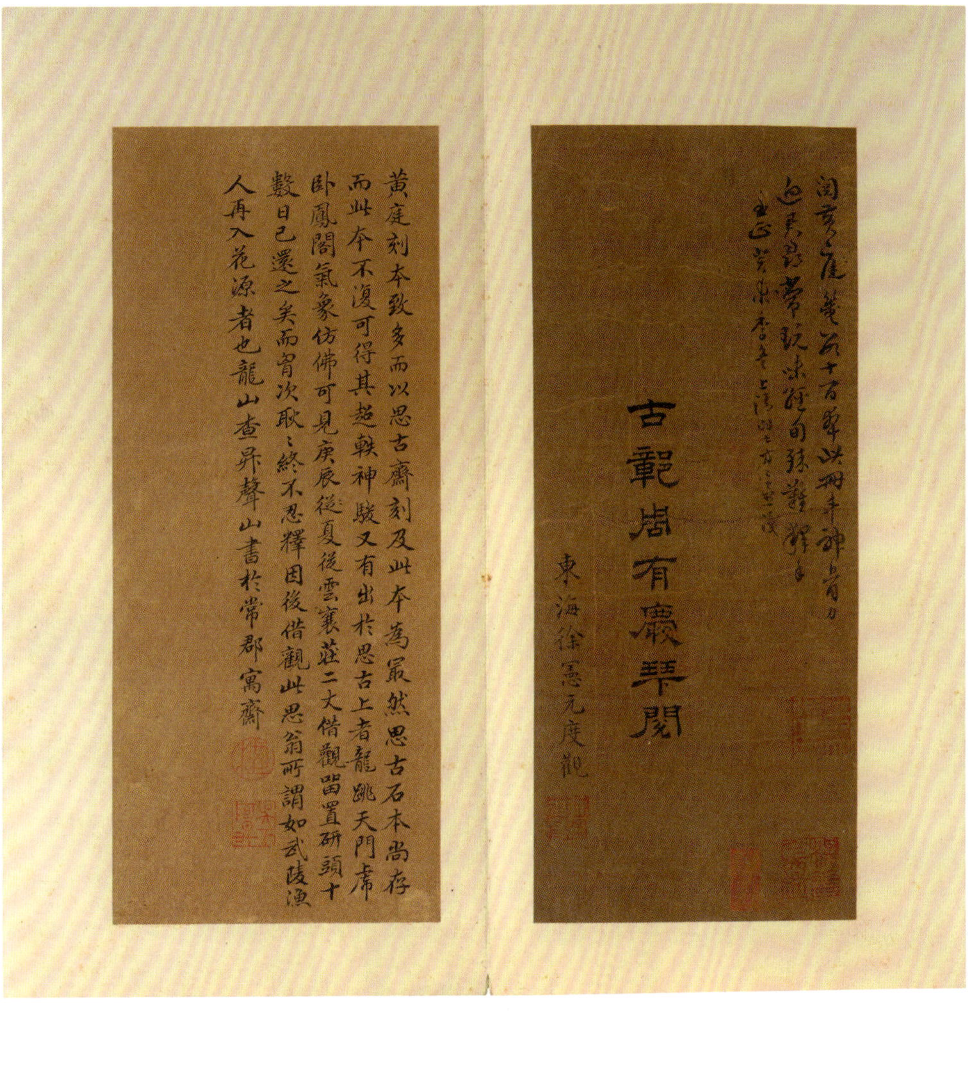
黃庭刻本致多而以思古齋刻及此本為最然思古石本尚存
而此本不復可得其超軼神駿又有出於思古上者龍跳天門虎
臥鳳閣氣象彷彿可見庚辰從夏從雲襄莊二大借觀留置研頭十
數日已還之矣而胃次耿耿終不忍釋因後借觀此思翁所謂如武陵漁
人再入花源者也龍山查昇聲山書於常郡寓齋

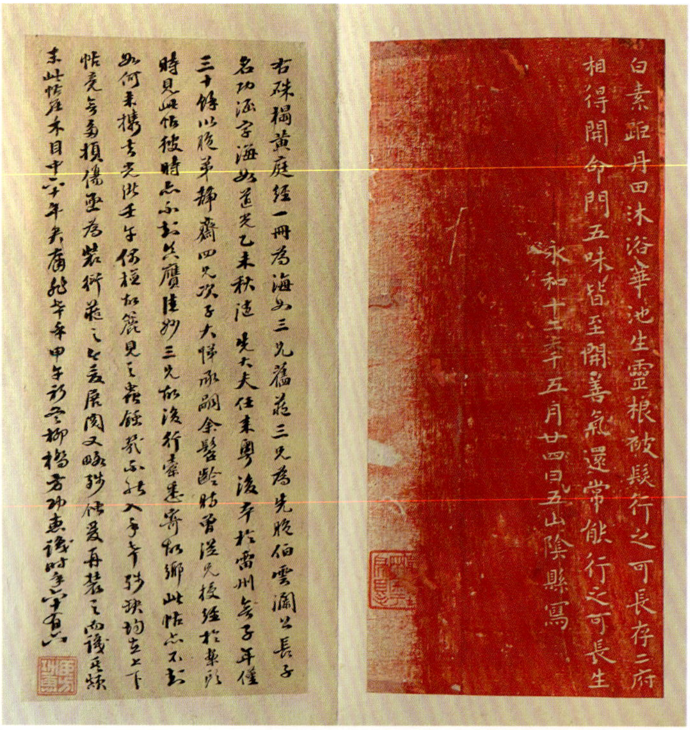
白素距丹田沐浴華池生靈根被髮行之可長存二府
相得開命門五味皆至開善氣還常能行之可長生
永和十二年五月廿四日五山陰縣寫

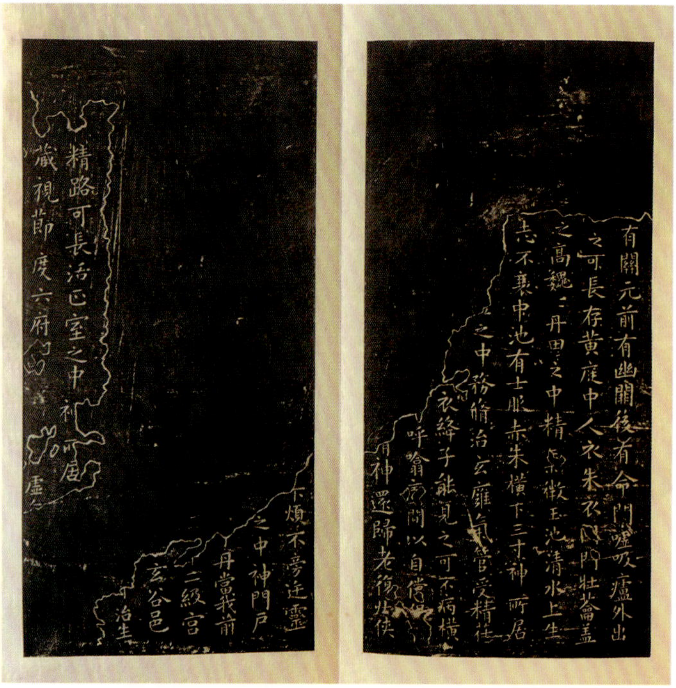
有關元前有幽闕後有命門噓吸廬外出
之可長存黃庭中人衣朱衣關門壯籥蓋
之高巍巍丹田之中精氣微玉池清水上生
志不衰中池有士服赤朱橫下三寸神所居
之中務脩治玄雍氣管受精符
衣絳子能見之可不病橫
呼噏廬間以自償保
神還歸老復壯俠
精路可長活正室之中神所居
藏視節度六府
不煩不旁迕靈
之中神門戶
子丹當我前
二級宮
玄谷邑
治生

梁清标（1620—1691）是明末清初的大收藏家，崇祯十六年（1643）进士，入清后授翰林院编修，康熙二十三年（1684）授保和殿大学士，位极人臣。他是河北正定人，在家乡筑有秋碧堂，在北京筑有蕉林书屋，都是庋置藏品的所在。梁氏富于收藏而精于鉴赏，经他收藏的书画、碑帖大多亲自题签，并钤有“蕉林”“河北棠村”“苍岩子”等印章。我们今天所熟悉的展子虔《游春图》、阎立本《步辇图》、周昉《簪花仕女图》、顾闳中《韩熙载夜宴图》等，无不经他收藏。

此件拓本的末尾，并有元人方方壶、徐元度的观款，及清代查声山的跋语。方方壶，名从义，历元明两代，字无隅，号方壶，又称鬼谷山人、金门羽客，是著名的道士画家，师法董巨与米芾、高克恭等，多逸气，为后人所仰。徐元度，名宪，号水辰，与王蒙、吴镇、倪瓒、柯九思等相友善。大千先生曾云，“徐元度，元季高士，所作山水人物极清雅，惜不多见”，自元至今六百余年遗迹绝少，“片纸只字珍若拱璧”。

查声山（1650—1707），名昇，字仲韦，号声山，室名澹远堂、静学斋等，浙江海宁人。其诗词清丽，书法秀逸，小楷尤为精妙，时称其书法为“海宁三绝”之一。康熙皇帝称赞说：“他人书皆有俗气，惟查昇乃脱俗耳。用工日久，自尔不同。”查声山在题跋中对这件《黄庭》拓本评价极高，称其“超轶神骏，又有出于思古上者，龙跳天门，虎卧凤阁，气象仿佛可见”。

以上为册页内第一种拓本的大致情况。后面的几种拓本，品相也很不错，比较特别的是其中还有两件朱砂拓，一件残碑拓；并有清代著名藏书家方功惠（1829—1897）等人的题跋、观款、鉴藏印等。马宝山先生看过这本册页，他认为装裱当时对于各拓本的时序排列似有错位之处。

这本册页，在我祖父之前的收藏者，是陶北溟。陶北溟（1882—1956），名祖光，字北溟，又字伯铭，斋号翔鸾阁，江苏武进人，陶希泉之子。民国时期曾任故宫博物院书画顾问，精鉴赏而富收藏。在陶北溟之前，在梁清标之前，千百年来，这本册页之中不同年代的《黄庭》拓本，又不知流转过多少藏家之手。

天籁阁圮，秋碧堂空，私家收藏难为一家一姓所永恒占有，唯文化传承，绵绵不绝。

后记

2024年春节前夕，三联书店的老总宋志军先生和综合分社的王竞社长来我家拜年，闲谈间聊起我家的一些旧物，于是他们建议由我来辑成一本图文并茂的小画册。当时我也未置可否，只是含混应答罢了。绝对没有想到，春节一过，还在正月十五之前，王竞社长就拿着打印好的出版合同上门，让我真是为三联的工作效率而震惊了。

《五十小物》是一本体裁特殊的读物，至于怎么做，做成什么样子，我和三联的编辑一时也都心里没底。为此，三联安排了精兵强将上门，除了王竞社长亲自挂帅，还安排了编辑张静芳女士和美编薛宇先生，我们几经讨论，终于形成了大体的编辑思路。从2024年3月底开始，他们每周四的上午来我家工作，除了一两次特殊情况外，数月来从无间断。我们一件件看实物，一件件聊出处与背景，由他们录音并形成初步的文字，再由我梳理改正。从初春到深秋，历经寒暑，才逐渐反复修订而完成。

令我最为钦佩的是三联编辑的文字水平和搜集资料的能力，责任编辑张静芳对资料的蒐集非常认真，许多冷僻的材料都能找来互为印证，令我叹服，而其文字水平也足见其编辑功力。美编薛宇先生也是三联许多重点图书的设计者，我们在讨论各项“小物”的内容时，实际他已经对其设计形成了心中的初稿。作为本书总体设计的王竞社长几乎每次都到场，发表自己的构想与建议。正是在这样有序的进程中,《五十小物》才能顺利地如期完成。

同时，也衷心感谢敦堂工作室在后期拍摄中付出的辛劳，以优良的技术完成了所有物品与书画的摄影工作，在此向赵云、张宏呈、周航等先生谨致谢忱。

在此，也向三联书店宋总和所有为本书出版发行付出辛劳的各位表示衷心感谢。

赵　珩

2025 年 3 月

图书在版编目（CIP）数据
五十小物 / 赵珩著 . -- 北京 : 生活・读书・新知三联书店 , 2025. 5. -- ISBN 978-7-108-08002-8
Ⅰ . G262.8
中国国家版本馆 CIP 数据核字第 2025AL1656 号

五十小物

责任编辑 张静芳
装帧设计 薛 宇
责任校对 张国荣
责任印制 卢 岳
出版发行 生活・讀書・新知 三联书店
（北京市东城区美术馆东街 22 号 100010）
网 址 www.sdxjpc.com
经 销 新华书店
印 刷 天津裕同印刷有限公司
版 次 2025 年 5 月北京第 1 版
2025 年 5 月北京第 1 次印刷
开 本 720 毫米 × 1020 毫米 1/16 印张 16.25
字 数 70 千字 图 243 幅
印 数 0,001－5,000 册
定 价 128.00 元
（印装查询：01064002715；邮购查询：01084010542）